A TRES-HAVTE
ET TRES-PVISSANTE
DAME,

MADAME MARIE FELICE DES VRSINS,
Duchesse de Montmorency & d'Ampuille,
Baronne de Chasteaubriand, &c.

MADAME,

Dés le mesme instant que ie formay le dessein de cet ouurage cy, ie conceus celuy de le dedier à vostre Grandeur. I'ay tousiours consideré ma Siluanire comme vne Beauté que i'esleuois pour parestre quelque iour aux yeux d'vne des plus vertueuses & des plus parfaites Dames de la Terre. En suitte de cette consideration

ã iij

ie ne me suis pas tellement estudié à la rendre belle, i'aye oublié de faire encore qu'elle fust honneste, pou... estre en quelque façon digne de se presenter deuant vous. Par ces circonstances, MADAME, il vous est aisé de iuger que cognoissant vostre vertu, comme ie la doy cognoistre, & n'ayant iamais eu de plus forte ny de plus iuste passion que celle de vous plaire iusques aux moindres choses; i'auray pris soin de tenir ce Poëme dans vne telle pureté d'actions, & de paroles, que vostre modestie n'en puisse apprehender la representation, ny reietter la lecture. En fin, MADAME, voicy cette MORTE-VIVE, qui du parc ombrageux de vostre magnifique Maison de Chantilly, se voit aujourd'huy contrainte de passer à la clarté de la Cour, où vous sçauez, s'il est important de faire son entrée de bonne grace. Elle a sceu de la voix du peuple combien de caresses & de bonheur y receut autrefois son aisnée la Bergere SILVIE, sous la protection de Monseigneur; elle ne s'en promet pas moins de la vostre, si vous luy faites l'honneur de l'en gratifier, comme elle vous en coniure tres-humblement. Le soucy de reüssir à la Cour n'est pas ce qui luy donne le plus de peine, puis qu'il est asseuré que sous vos auspices elle n'y sçauroit estre que parfaitement bien receuë. Toute

EPISTRE.

la difficulté qui l'arreste, c'est d'agréer premierement à vostre Grandeur, & d'engager par là vostre reputation à la defence de la sienne. Ie ne doute point que de deux parties qui luy sont absolument necessaires, pour vous plaire, la Bienseance & la Beauté, vous n'y fassiez rencontre de la premiere; pour la seconde, i'apprehende extremement pour elle et pour moy que vous y treuuiez beaucoup de choses à desirer. Ce n'est pas qu'à bien considerer les diligences que i'ay apportées à l'embellissement de son visage ie ne puisse me faire accroire (& peut-estre sans vanité) qu'elle ne passera point pour laide aux yeux de la plus-part du monde: Mais quand ie viens à me representer, MADAME, l'extraordinaire bonté de vostre esprit, iointe à cette viue clarté de iugement qui ne paroist pas moins en vos actions qu'en vos paroles, sur tout lors qu'il me souuient que ie vous ay veu descouurir quelquesfois en diuerses matieres de Poësie des graces & des defauts qui ne doiuent estre visibles qu'aux plus clair-voyans de la profession: n'ay-ie pas iuste sujet de craindre que vous n'en descouuriez en ma Bergere, dont personne que vous ne se seroit que tard apperceu? Toute la France est d'accord que l'Italie ne luy donna iamais rien de beau ny de precieux comme la Reyne

EPISTRE.

Mere, & vous, qui participez aussi bien à ses incomparables vertus qu'à la splendeur de sa race: & neantmoins, ou ie ne cognoy du tout point la langue en laquelle ie vous escris, ou vous la parlez iustement comme il faudroit, que ie l'escriuisse pour faire accroire aux Courtisans qu'elle m'est naturelle. Ce n'est pas icy mon dessein de vous loüer, pleust à Dieu, MADAME, qu'il me fust permis de le faire, quelque mauuais Orateur que ie puisse estre, ie ne pense pas que sur vne si belle matiere, mon affection à vostre seruice ne me fist dire de tres-belles choses, & ne serois point en doute que ces ames lasches à qui les loüanges du merite d'autruy sont ordinairement insupportables, ne souffrissent sans murmurer la pureté des vostres, bien loin de m'en contester la verité. Mais d'autant qu'ayant l'honneur, comme ie l'ay, d'estre particulierement à vostre Grandeur, ie fay profession aussi de luy rendre vne particuliere obeïssance: ie ne sortiray point des bornes que vostre modestie me semble auoir prescrites sur ce sujet, sous cette protestation toutesfois que c'est auec vne indicible repugnance de ma volonté qu ie m'y tiens. Car outre la violence que ie me fais, c'est chose infaillible que mon silence sera touſiours plustoſt soupçonné d'ingratitude, que iustifié par la consideration

EPISTRE.

sideration du respect qui me l'impose, & que la posterité qui sçaura quelque iour par la bouche de la Renommée que vous auez esté la merueille de vostre sexe, & l'admiration du nostre, ne me pardonnera pas facilement la faute que ie commets de laisser eschapper vne si belle occasion de l'en asseurer moy-mesme par mes Escrits. Auec tout cela, MADAME, i'aime beaucoup mieux estre asseuré d'estre blasmé de tout le monde, que me mettre seulement au hazard de vous fascher. Ie sçay fort bien qu'vne pure & haute vertu comme la vostre se contente de meriter la loüange, sans se soucier beaucoup de la receuoir. Ie m'accommoderay donc à la modestie de vostre humeur, à condition, MADAME, qu'en recompense vous auoüerez, s'il vous plaist cette Bergere pour vostre, & que sans vous souuenir que vous estes issuë de la tres-florissante & tres-illustre Maison des VRSINS, qui presque aussi vieille que la nouuelle Rome, qu'elle embellit encore aujourd'huy de sa splendeur, a donné de si dignes successeurs à Sainct Pierre, et de si grands Capitaines à l'Europe ; que sans vous souuenir, dy-ie, de la hauteur de vostre naissance, ou de la bassesse de la sienne, vostre Grandeur accordera deux ou trois heures de son loisir au desir qu'elle a de l'entretenir de ses auan-

ẽ

EPISTRE.

tures. Il est certain qu'elles sont amoureuses, mais aussi vous ay-ie desia protesté que cette legitime affection auec laquelle elle respond à celle de son Berger, est à peu prés de la nature de celle-là que le mariage vous permet d'auoir pour vn des plus glorieux hommes de la terre, & qu'vn des plus glorieux hommes de la terre a reciproquement pour vous. Cela me persuade, MADAME, que vous ne l'en escouterez pas moins volontiers, & que vous la receurez auec cette mesme bonté de naturel qui vous fait aimer generalement de tout le monde. Que s'il arriuoit parauanture que vous la treuuassiez belle, que ma satisfaction seroit accomplie, & que ie me tiendrois bien recompensé de la peine que i'ay prise à la rendre telle. Ie vous iure MADAME, (& ie le dy sans flaterie) que la seule estime que vous ferez de mon ouurage me determinera la bonne ou la mauuaise opinion que i'en dois prendre, auec autant ou plus de certitude, que si Mal-herbe ou Virgile reuenoient au iour afin de m'en dire la verité. On a tousiours obserué que vostre esprit, qui n'est borné d'aucune sorte de matiere, est encore appuyé d'vne force de iugement qui ne doit rien à celuy de ces habiles à qui nostre siecle defere tant que de ne iuger du prix des choses que par l'estime qu'ils en font.

EPISTRE.

Mais peut-estre que i'abuse indiscretement de vostre patience: ie finiray donc, apres vous auoir priée de receuoir agreablement ce tesmoignage de mon deuoir, que ie vous rends d'aussi bon cœur, que ie me dy,

MADAME, de vostre Grandeur

Le tres-humble & tres-obeïssant
seruiteur, MAIRET.

ARGVMENT
DE LA SILVANIRE.

MEnandre vn de plus riches Bergers de Forests n'ayant pour tous enfans qu'vne parfaitemēt sage & belle fille, nommée Siluanire, se resolut de la marier le plus aduantageusement qu'il pourroit. Pour cet effect il iette les yeux sur Theante, Berger aussi bien pourueu des biens de la fortune qu'il estoit desnué de ceux de l'esprit & du corps. Siluanire qui dés son bas aage auoit esté seruie du gentil Aglante, à qui rien ne manquoit pour estre accōply que les richesses de l'autre, delibere de mourir plustost que consentir à ce mariage. Ce n'est pas qu'elle eust iamais descouuert son affection à Aglante, au contraire comme elle estoit extrememēt sage & retenuë, dés que l'vn & l'autre s'aduancerent vn peu

ẽ iij

ARGVMENT.

dans l'aage elle luy retrancha les priuautez de son enfance, & ne vesquit plus qu'indifferemment auec luy; d'autāt que cognoissant l'auarice de son pere & la pauureté d'Aglāte ne deuoir iamais estre d'accord, elle auoit trop de discretion pour donner de vaines esperances à ce Berger: de là vient qu'elle estoit contrainte de parestre insensible à son amour, & de dissimuler auec beaucoup de peine la violence de celle qu'elle auoit pour luy. La nouuelle de la resolution de Menandre estant venuë aux oreilles de Tirinte, ieune Berger passionnément amoureux de Siluanire, mais dont le naturel estoit beaucoup plus violēt que celuy d'Aglante, il se laisse emporter au desespoir, & tout furieux veut monter sur le faiste d'vn rocher afin de se precipiter. Alciron sage Berger, & son amy, essaye de le diuertir de ce dessein: en fin cognoissant que sa blessure estoit torp profonde pour estre guerie par des paroles, il luy donne vn miroir, par le moyen duquel il luy promet de le rendre possesseur absolu de sa maistresse. Tirinte donne ce miroir à Siluanire, & la presse tant de s'y regarder, qu'à la fin elle s'y regarde; mais auec vn succés si estrange, & si contraire à celuy que luy mesme s'en estoit promis, qu'à quelques heures de là, les nouuelles de sa mort

ARGVMENT.

luy furent apportées, au lieu de celles qu'il attendoit de son amour. Il se doute aussi tost que c'estoit vn effect du present de son amy; de sorte que transporté d'amour & de furie, il le poursuit à mort comme son plus mortel ennemy. Alciron eschappé de ses mains treuue vn batteau de Pescheur sur le riuage de Lignon, à la faueur duquel il s'explique si bien au desesperé Tirinte, qu'ils vont ensemble au monument où Siluanire auoit esté mise, suiuant la coustume du pays, qui vouloit que les filles principalement portassent leurs habillements dans le tombeau, pour vn plus grand tesmoignage d'honnesteté. Tirinte la fait reuenir à soy, tasche en vain de la gagner de douceur; & finalement se souuenant des conseils d'Alciron, la veut emmener de force en quelque cauerne, où loing de tesmoins il puisse la faire côsentir à le receuoir pour son espoux. Sur ces entrefaites Aglante suruient, & quantité d'autres Bergers auec luy, qui se saisissent du Rauisseur. Fossinde poursuit la mort de Tirinte, dont elle estoit passionnément amoureuse: on le condamne à estre precipité du Rocher malheureux: Fossinde treuue inuention de le sauuer; luy qui ne l'auoit iamais aimée est content de l'espouser. Cependant que d'autre costé Menandre

ARGVMENT.

apres beaucoup de difficultez s'accorde en fin au mariage d'Aglante & de Siluanire.

Ce sujet est traitté plus amplement dans la troisiesme partie de l'Astrée, où Monsieur d'Vrfé en forme vne histoire continuée. Le mesme Autheur en a fait encore vne Pastorale en vers non rimez, à la façon des Italiens. C'est là qu'on peut renuoyer la curiosité du Lecteur.

PREFACE, EN FORME
DE DISCOVRS POETIQVE.

A Monsieur le Comte de Carmail.

MONSIEVR,

Il y peut auoir deux ans que Monseigneur le Cardinal de la Valette & vous me persuadastes de composer vne Pastorale auec toutes les rigueurs que les Italiens ont accoustumé de pratiquer en cét agreable genre d'escrire, auquel il faut auoüer que trois ou quatre des leurs ont diuinement bien reüssy. Le desir que i'eus de vous plaire à tous deux me fit estudier auec soin sur les ouurages de ces grands hommes, où apres vne exacte recherche, à la fin ie treuuay qu'ils n'auoient point eu de plus grand secret que de prendre leurs mesures sur celles des anciens Grecs & Latins, dont ils ont obserué les regles plus religieusement que nous n'auons pas fait iusques icy. Ie me suis donc proposé de les imiter, non pas en l'excellence de leurs pensées, à la hauteur

ĩ

PREFACE.

desquelles ie ne pretens pas arriuer, mais seulement en l'ordre & la conduite de mon Poëme, que possible treuuerez-vous vn des plus reguliers de nostre langue, apres l'examen que vous en ferez s'il vous plaist à vostre loisir. C'est pourquoy ie me suis auisé de faire voir ce petit Discours de la Poësie, que ie vous addresse, MONSIEVR, comme au Seigneur de la Court de vostre profession qui sçauez le plus de belles choses, & qui les pratiquez le mieux. Comme ie suis trop ieune & trop ignorant pour enseigner, aussi ne mets-ie pas cette Preface pour instruire personne : mon intention en cecy n'est que de tesmoigner que si ie n'ay pû faire vn ouurage accomply, au moins n'ay-ie pas esté negligent à rechercher les moyens qui me pouuoient ayder à le rendre tel, & que ma Tragi-Comedie n'est point vne piece à l'auanture.

DV POETE,
& de ses parties.

POETE proprement est celuy là qui doué d'vne excellence d'esprit, & poussé d'vne fureur diuine, explique en beaux vers des pensées qui semblent ne pouuoir pas estre produites du seul esprit humain. I'ay dit doué d'vne excellence d'esprit, à la difference du Prophete, à qui cette condition n'est aucunement necessaire,

PREFACE.

d'autant que les Oracles que les Prophetes rendoient le plus souuent en vers venoient immediatement de l'esprit diuin, ou reputé tel, qui les agitoit, tesmoins les liures des Sibilles, & les responses d'Apollon. *Dicta per carmina sortes.* Horat. de arte.

Par cette definition il paroist que pour estre vrayement appellé Poëte, il ne suffit pas d'auoir l'esprit hors du commun, ny de sçauoir bien tourner vn vers, mais de plus qu'il est necessaire d'auoir cette vertu naturelle de bien inuenter, & cet entousiasme par qui l'ame du Poëte est souuentesfois esleuée au dessus de sa matiere, auec cet *Os magna sonaturum* d'Horace, qui ne se peut pas assez bien expliquer en nostre Langue. *Neque enim, &c.* Horat. 1. ser. *Idem.*

De là vient sans doute que quelques-vns ont fait difficulté de compter Lucain parmy les Poëtes, pource qu'il a raconté son Histoire purement & simplement comme elle estoit arriuée, sans se seruir des fictions & des inuentions de la Poësie. Il est vray qu'à prendre le nom de Poëte vn peu moins rigoureusement, quiconque faisant des vers auec art obserue comme il faut la bienseance des choses & des paroles, peut estre encore appellé Poëte; & c'est ainsi que Lucain n'est plus au nombre des Historiens. Il est donc asseuré que de deux sortes de qualitez qui doiuent entrer en la composition d'vn bon Poëte, les vnes sont purement naturelles, & les autres sont estrangeres. Les naturelles à plus prés sont, l'adresse d'inuenter agreablement, la force de bien imaginer, & sur tout l'habilité & l'incli- *Martial. Quintil.*

ĩ ĳ

PREFACE.

nation puissante à la Poesie, qui fait par exemple que de deux esprits esgalement bons & sçauants, celuy-là viendra plus aisément à bout d'vn grand Poeme, que cettuy-cy ne fera pas d'vne Epigramme. Ie ne dy rien de la netteté du iugement, d'autant que c'est vne condition requise non seulement à la perfection de cet art en particulier, mais encore de tous les autres en general. Les qualitez estrangeres sont, la parfaicte science de sa langue iusques aux moindres graces dont elle est capable, la connoissance des bonnes lettres, particulierement des Humanitez, comme de celles qui tombent plus communément dans la matiere; & de la Philosophie Morale, & Physique, dont les principes au moins sont absolument necessaires, pour ne rien dire d'impertinent ou de contradictoire. Et finalement l'art de faire des vers non seulement dans la rigueur des regles ordinaires, mais encore auec cette elegance & cette douceur qui s'admire plustost qu'elle ne se laisse imiter, telle qu'on la remarque en ceux de Monsieur Malherbe, & qu'on ne peut mieux exprimer que par ce ie ne sçay quoy, qui fait que de deux parfaitement belles femmes, l'vne sera plus agreable que l'autre, sans que l'œil qui reconnoist cette grace en puisse deuiner la raison. De maniere qu'apres auoir consideré combien de choses excellentes concourent à la structure d'vn parfait Poete, il ne se faut pas estonner si la rencontre en a tousiours esté si difficile. Mais

PREFACE.

d'autant qu'on peut demander qui de la Nature ou de l'Art, c'est à dire de l'acquis, contribue dauantage à l'accomplissement de ce chef-d'œuure; il est hors de doute que l'Art ne fera iamais rien d'acheué sans l'assistance de l'autre. Que si l'on veut sçauoir laquelle de ces deux parties se soustiendroit plus aisément d'elle-mesme, il y a de l'apparence que ce seroit la Nature, & qu'vn homme auec les seuls auantages de la naissance se tesmoignera mieux Poete qu'vn autre ne pourroit faire auec toutes les recherches & les meditations d'vn long estude. Il n'en n'est pas de mesme de l'Orateur, qui doit chercher sa perfection du costé de l'Art, sans auoir absolument besoin du secours de la Nature: ie veux dire de cette aptitude que nous auons en naissant à quelque sorte d'exercice. *Fimus Oratores, nascimur Poetæ.* De là vient que quantité de beaux esprits soustenus seulement de la vigueur de leurs Genies, ont fait aux siecles passez, & font encore au nostre de si belles choses; tesmoins les Poesies de Messieurs de Racan & de Sainct Amant, qui confessent eux mesmes ingenuement n'auoir iamais eu la moindre intelligence ny du Grec ny du Latin. Bien est-il vray que l'estude est entierement necessaire à la production d'vn grand ouurage, & qu'Homere & Virgile n'eussent pas entrepris sans luy ce qu'ils ont acheué si glorieusement auec luy.

Horat. Natura feret, &c.

PREFACE.

De l'excellence de la Poësie.

PAr la definition que i'ay donnée du Poete, il est facile de connoistre que c'est que Poesie. Pour son etymologie, il y a fort peu de gens qui ne sçachent qu'elle est tirée du verbe Grec ποιώ, qui signifie *creo vel facio*, de mesme que celle du mot de *Vers* qui derive du verbe Latin *verto*, *quod tandiu vertatur quandiu bene fiat*. C'est pourquoy on appelle vn Vers bien fait quand il est bien tourné. Sans m'arrester donc à ces petites obseruations de Grammaire, ie passe aux louanges de la Poesie, qu'on ne peut nier estre le plus digne de tous les Arts, soit pour la noblesse de son origne, comme celle qui vient immediatement du Ciel, soit pour l'excellence des beaux effects qu'elle produit. Aussi la nomme-t'on le langage des Dieux, tant à cause qu'ils aimoient à estre louez dans les Temples auec Hymnes & Cantiques, que pource que la douceur en est si charmante, que si les Dieux (disoient les Anciens) auoient à conuerser auec les hommes, il est croyable qu'ils se seruiroient du langage de la Poesie, comme on le iuge par les Oracles qu'ils prononçoient ordinairement en vers. De là vient que les grands Poetes ont merité le tiltre de Diuins.

PREFACE.

De la differince des Poëmes.

A Prendre le nom de Poëte selon sa derniere & plus estenduë definition, ie treuue qu'il y a de trois sortes de Poëmes; le Dramatique, l'Exegematique, & le Mixte: L'ouurage Dramatique, autrement dit Actif, Imitatif, ou Representatif, est celuy-là qui represente les actions d'vn sujet par des personnes entreparlantes, & où le Poete ne parle iamais luy mesme: soubs ce genre d'escrire se doiuent mettre toutes les Tragedies, Comedies, certaines Eglogues & Dialogues, & bref toutes les pieces où l'Autheur introduit des personnes passionnées, sans qu'il y mesle rien du sien. L'Exegematique ou recitatif est vn ouurage qui ne reçoit aucune personne parlante que celle de son Autheur, cóme sont tous les liures qui sont faits pour enseigner, ou la Physique comme Lucrece, ou l'Astrologie, comme Aratus, ou l'Agriculture comme Virgile en ses Georgiques, horsmis quelques fables qu'il a meslées dans le quatriesme. Le Mixte en fin est celuy là dans lequel le Poete parle luy mesme, & fait parler tantost des Dieux & tantost des hómes: ce genre d'escrire s'appelle autrement Epique ou Heroïque, à cause des Heros ou grands hommes ayans quelque chose de plus qu'humain, dont ils representent les auantures: c'est ainsi qu'Homere a magnifié les actions de son

Achille, & Virgile apres luy celles de son Enée. Or d'autant que ce n'est pas mon dessein de faire vn Liure au lieu d'vne Preface, ie me contenteray d'examiner le Dramatique, comme celuy qui se pratique aujourd'huy le plus, & qui seul est la veritable matiere de mon Discours.

De la Tragedie, Comedie, & Tragicomedie.

LE Poeme Dramatique se diuise ordinairement en Tragedie & Comedie. Tragedie n'est autre chose que la representation d'vne auanture heroïque dans la misere, *Est aduersæ fortunæ in aduersis comprehensio.* Son etymologie est tirée du mot Grec τράγος & ᾠδή, dont l'vn signifie bouc, & l'autre chant, à cause que le bouc estoit le prix qu'on donnoit anciennement à ceux qui chantoient la Tragedie. *Comedia verò est ciuilis priuatæque fortunæ sine periculo vitæ comprehensio.* La Comedie est vne representation d'vne fortune priuée sans aucun danger de la vie. Elle vient du mot κώμη, qui veut dire bourgs ou villages, à cause que la ieunesse de l'Attique auoit accoustumé de la representer à la campagne. De la definition de la Tragedie & de la Comedie on peut aisément tirer celle de la Tragi-Comedie, qui n'est rien qu'vne composition de l'vne & de l'autre. De sorte que la Tragedie est comme le miroir de la fragilité des choses humaines, d'autant que

Horat. de arte.

Varro.

PREFACE.

que ces mesmes Roys & ces mesmes Princes qu'on y voit au commencement si glorieux & si triomphans y seruent à la fin de pitoyables preuues des insolences de la fortune. La Comedie au contraire est vn certain ieu qui nous figure la vie des personnes de mediocre condition, & qui monstre aux peres & aux enfans de famille la façon de bien viure reciproquement entre eux : & le commencement d'ordinaire n'en doit pas estre ioyeux, comme la fin au contraire ne doit iamais en estre triste. Le sujet de la Tragedie doit estre vn sujet connu, & par consequent fondé en histoire, encore que quelquefois on y puisse mesler quelque chose de fabuleux : Celuy de la Comedie doit estre composé d'vne matiere toute feinte, & toutesfois vray-semblable. La Tragedie descrit en stile releué les actions & les passions des personnes releuées, où la Comedie ne parle que des mediocres en stile simple & mediocre. La Tragedie en son commencement est glorieuse, & monstre la magnificence des grands ; en sa fin elle est pitoyable, comme celle qui fait voir des Roys & des Princes reduits au desespoir : La Comedie à son entrée est suspendue, turbulente en son milieu, car c'est là que se font toutes les tromperies & les intrigues, & ioyeuse à son issue. De maniere que le commencement de la Tragedie est tousiours gay, & la fin en est tousiours triste ; tout au rebours de la Comedie, dont le commencement est volontiers assez triste, pource qu'il est

PREFACE.

ambigu, mais la fin en est infailliblement belle & ioyeuse: l'vne cause vn dégoust de la vie, à cause des infortunes dont elle est remplie; & l'autre nous persuade de l'aimer par le contraste.

Des parties principales de la Comedie.

LA Tragedie & la Comedie different entre elles non seulement en la nature de leur sujet, mais encore en la forme & la disposition de leurs parties. Mais d'autant que ie veux estre succinct, & que ma Pastorale est tout à faict disposée à la Comique, bien qu'elle soit de genre Tragi-comique, il suffira que ie fasse la diuision des parties de la Comedie, sans m'arrester à celles de la Tragedie, qui sont assez amplement deduites chez le Philosophe & le Commentateur de Seneque.

Les parties principales de la Comedie sont quatre, Prologue, Prothese, Epithase, & Catastrophe. Pro- *Donatus* logue est vne espece de Preface, dans lequel il est per- *supra Te-* mis outre l'argument du sujet de dire quelque chose *rentium.* en faueur du Poëte, de la fable mesme, ou de l'Acteur.

Prothese, est le premier acte de la fable, dans lequel vne partie de l'argument s'explique, & l'autre ne se dit pas, afin de retenir l'attention des auditeurs.

Epithase est la partie de la fable la plus turbulente, où l'on voit paroistre toutes ces difficultez & ces in-

PREFACE.

trigues qui se desmeslent à la fin, & qui proprement se peut appeller le nœud de la piece.

Catastrophe est celle qui change toute chose en ioye, & qui donne l'esclaircissement de tous les accidents qui sont arriuez sur la Scene. Cette diuision est suiuant l'ordre des Comedies de Terence, que le Tasso & Guarini ont punctuellement obserué. Reste maintenant à sçauoir quelles sont les conditions essentielles de la Comedie.

Il me semble auoir desia dit que le sujet de la Comedie doit estre feint, à la difference de celuy de la Tragedie, qui doit auoir vn fondement veritable & connu, comme l'Antigone & la Medée, encore qu'il soit permis d'y mesler le fabuleux ; tel que la fuitte de cette desesperée apres l'embrasement du Palais de Creon, & le retour de Thesée apres son voyage aux Enfers.

Au reste le sujet de la Comedie doit bien estre vne pure feinte, & non pas vne fable; car fable est vne inuention de choses qui ne sont pas, & qui ne peuuent estre, comme les Metamorphoses d'Ouide.

La seconde condition est l'vnité d'action, c'est à dire qu'il y doit auoir vne maistresse & principale action à laquelle toutes les autres se rapportent comme les lignes de la circonference au centre. Il est vray qu'on y peut adiouster quelque chose en forme de l'Episode de la Tragedie, afin de remedier à la nudité de la pie-

Aristote de arte poëtica.

õ ij

PREFACE.

ce, pourueu toutesfois que cela ne preiudicie en aucune façon à l'vnité de la principale action à laquelle cette-cy est comme soubs-ordonnée : Et en ce cas le sujet de la Comedie n'est pas simple, mais composé, comme l'on peut voir en la plus part de celles de Terence.

La troisiesme & la plus rigoureuse est l'ordre du temps, que les premiers Tragiques reduisoient au cours d'vne iournée ; & que les autres, comme Sophocle en son Antigone, & Terence en son ἑαυτὸν τιμωρούμενος de Menander, ont estendu iusqu'au lendemain : car c'est toute la mesme regle & la mesme condition aux Comedies qu'aux Tragedies. Il paroist donc qu'il est necessaire que la piece soit dans la regle, au moins des vingt-quatre heures : en sorte que toutes les actiōs du premier iusqu'au dernier Acte, qui ne doiuent point demeurer au deçà ny passer au delà du nombre de cinq, puissent estre arriuées dans cet espace de temps.

Horat.

Cette regle qui se peut dire vne des loix fondamentales du Theatre, a tousiours esté religieusement obseruée parmy les Grecs & les Latins. Et ie m'estōne que de nos escriuains Dramatiques, dont aujourd'huy la foule est si grande, les vns ne se soient pas encore aduisez de la garder, & que les autres n'ayent pas assez de discretion pour s'empescher au moins de la blasmer, s'ils ne sont pas assez raisonnables pour la suiure apres les premiers hommes de l'antiquité, qui ne s'y sont pas generalement assubiettis sans occasion. Pour

PREFACE.

moy ie porte ce respect aux Anciens, de ne me departir iamais ny de leur opinion ny de leurs coustumes, si ie n'y suis obligé par vne claire & pertinente raison. Il est croyable auec toute sorte d'apparence qu'ils ont estably cette regle en faueur de l'imagination de l'auditeur, qui gouste incomparablement plus de plaisir (& l'experience le fait voir) à la representation d'vn sujet disposé de telle sorte, que d'vn autre qui ne l'est pas; d'autant que sans aucune peine ou distraction il voit icy les choses comme si veritablement elles arriuoient deuãt luy, & que là pour la longueur du temps, qui sera quelquefois de dix ou douze années, il faut de necessité que l'imagination soit diuertie du plaisir de ce spectacle qu'elle consideroit comme present, & qu'elle trauaille à comprendre comme quoy le mesme Acteur qui n'agueres parloit à Rome à la derniere Scene du premier Acte, à la premiere du second se treuue dans la ville d'Athenes, ou dans le grand Caire si vous voulez; il est impossible que l'imagination ne se refroidisse, & qu'vne si soudaine mutation de Scene ne la surprenne, & ne la desgouste extrememẽt, s'il faut qu'elle coure tousiours apres son obiect de prouince en prouince, & que presque en vn moment elle passe les monts & trauerse les mers auec luy. Ouy mais, dira quelqu'vn, qui croira peut-estre auoir bien obiecté, que fera donc l'imagination? & quel plaisir pourra-elle prendre à la lecture des Histoires & des Romants,

PREFACE.

où la Cronologie est si differente? ou pourquoy ne suiura-t'elle pas son obiect par tout, puis qu'elle ne peut estre arrestée ny par les montaignes ny par les mers?

A cela ie fay responfe, que l'Histoire & la Comedie pour le regard de l'imagination ne font pas la mesme chose: La difference est en ce poinct, que l'Histoire n'est qu'vne simple narration de choses autrefois arriuées, faite proprement pour l'entretien de la memoire, & non pour le contentement de l'imagination: où la Comedie est vne actiue & pathetique represétation des choses comme si veritablement elles arriuoient sur le temps, & de qui la principale fin est le plaisir de l'imagination. C'est pourquoy dans l'ordre de l'Histoire Exegematique mon imagination ne treuuera point estranges les longs voyages, pource que ie suppose qu'ils ont esté faits auec temps; mais dans celuy de la Dramatique, il est asseuré que si puissante qu'elle soit elle ne s'imaginera iamais bien qu'vn Acteur ait passé d'vn Pole à l'autre dans vn quart d'heure; & quand mesme elle pourroit le faire, en supposant la mesme longueur de temps qu'elle suppose en l'Histoire (ce qui neantmoins ne se permet pas en la Comedie, pour la raison que i'en ay desia donnée) il est impossible qu'vne telle supposition ne luy diminuë beaucoup de son plaisir, qui consiste principalement en la vray-semblance. Or puisque l'on est d'accord que l'intention

PREFACE.

du Comique est de contenter l'imagination de son auditeur, en luy representant les choses comme elles sont, ou comme elles deuroient estre, & que pour cet effect il emprunte le secours de la voix, des gestes, des habits, des machines & decorations de Theatre. Il me semble que les Anciens ont eu iuste raison de restraindre leurs sujets dans la rigueur de cette reigle, comme la plus propre à la vray-semblance des choses, & qui s'accommode le mieux à nostre imagination, qui veritablement peut bien suiure son obiect par tout, mais qui d'autre costé ne prend pas plaisir à le faire. Il faut donc aduouer que cette reigle est de tres-bonne grace, & de tres-difficile obseruation tout ensemble, à cause de la sterilité des beaux effects qui rarement se peuuent rencontrer dans vn si petit espace de temps. C'est la raison de l'Hostel de Bourgongne, que mettent en auant quelques-vns de nos Poetes, qui ne s'y veulent pas assubiettir, d'autant, disent-ils, que de cent sujets de Theatre il ne s'en treuuera possible pas vn auec cette circonstance, & qu'on seroit plus long temps à le chercher qu'à le traitter & mettre en vers. Mais qu'importe-t'il du temps & de la peine pourueu que la rencontre s'en puisse faire? Il est icy question du mieux, & non pas du plus ou du moins : au lieu de dix & douze Poemes desreiglez que nous ferions, contentons nous d'en conduire vn seul à sa perfection, & nous ressouuenons que le Tasso, le Guarini

PREFACE.

& le Guidobaldi se sont plus acquis de gloire, quoy que chacun d'eux n'ait mis au iour qu'vne Pastorale, que tel qui parmy nous a composé plus de deux cents Poemes.

Ce n'est pas que ie vueille condamner, ou que ie n'estime beaucoup quantité de belles pieces de Theatre, de qui les sujets ne se treuuent pas dans les bornes de cette regle: A cela prés leurs Autheurs & moy ne serons iamais que tres-bien ensemble: il est vray qu'elles me plairont encore dauantage auec cette circonstance, pource qu'elles en seroient à mon aduis plus accomplies, & que ie conseilleray toufiours à mon amy de ne mespriser pas vne grace pour qui les Anciens & les Modernes ont eu tant de consideration que de ne la separer iamais de la beauté de leurs ouurages. Il ne sert de rien d'alleguer, qu'il est impossible de rencontrer de beaux sujets auec la rigueur de cette condition, & que les Anciens pour euiter la confusion des temps sont tombez dans vne plus grande incommodité, sçauoir est la sterilité des effects, qui sont si rares & si maigres en toutes leurs pieces, que la representation n'en seroit aujourd'huy que fort ennuyeuse. Car encore qu'il soit veritable que les Tragedies ou Comedies des Anciens soient extrememement nuës, & par consequent en quelque façon ennuyeuses; il ne s'ensuit pas de là que la trop rigoureuse obseruation de cette loy les ait reduits à cette nudité d'effects & d'incidents,

dont

PREFACE.

dont la varieté certainement nous eust esté plus agreable.

Car on doit se representer que les mesmes pieces que nous treuuons aujourd'huy si simples & si desnuées de sujet chez Euripide, Sophocle, & Seneque, estoient tenues de leur temps pour bien remplies à comparaison de celles du bon Thespis qui promenoit la Tragedie en charette, & du vaillant Æschille apres luy, qui pour grand ornement inuenta l'vsage du masque, de la courte robe, & du cothurne.

Ignotum tragicæ genus inuenisse Camœnæ
Dicitur, & plaustris vexisse poemata Thespis, &c.

Horat. de arte.

De mesme que les Comedies de Menander, de Philemon, de Plaute, & de Terence, deuoient estre extremement riches, eu esgard à la pauureté de celles de Cratinus, d'Eupolis, & d'Aristophane, à cause que les vns & les autres se treuuerent au premier aage, & par maniere de dire à l'enfance de la Tragedie & de la Comedie.

Disons donc que les Anciens nous ont laissé des Poëmes beaucoup moins remplis à la verité que ne sont les nostres, tant pour la raison que ie viens d'apporter, que pour quelque autre à nous inconnuë, & qu'on n'infere pas de là que la rigueur de nostre regle en ait esté la principale cause, comme veulent quelques vns de ces Messieurs qui n'ont pas enuie de la receuoir. D'autant que nous ne pouuons croire cela

PREFACE.

sans faire tort à ces grands Esprits de l'antiquité, qui sembleroient auoir eu moins d'inuention en la composition de leurs sujets, que nos modernes Dramatiques, qui nonobstant la difficulté de cette loy n'ont pas laissé d'en imaginer de parfaitement beaux, & parfaitement agreables, tels que sont par exemple le Pastor Fido, la Filis de Scire, & sans aller plus loing la Siluanire ou la Morte-viue. Mais c'est fortifier de trop d'authoritez & de raisons vne chose qui se soustient & se defend assez d'elle mesme : il m'est indifferent qu'ils l'approuuent ou qu'ils la reprouuent, pour mon particulier ie sçay bien à quoy ie m'en dois tenir, auec bon nombre des plus habiles, particulierement pour la Pastorale, où la transgression de ces loix ne peut iamais estre pardonnable, à mon aduis; d'autant que le sujet en doit estre feint, & qu'il ne couste gueres plus de le feindre reglé que desreglé.

Ie vous ay desia protesté, MONSIEVR, que ce n'est pas mon dessein d'instruire personne, ou de passer pour quelque nouueau legislateur de Poësie. Ie ne me suis aduisé de faire ce Discours que pour vous rendre compte de l'ordre & de la methode que i'ay suiuie en ce difficile genre d'escrire : De sorte que i'ay seulement trauaillé pour la iustification de mon ouurage, & non pour la condemnation de ceux des autres, qui pourroient parauanture auoir violé toutes ces loix, que ie fais profession d'obseruer, ou pour les ignorer,

PREFACE.

(ce qui ne feroit gueres bien) ou pour les mefprifer (ce qui feroit encore pis.) Ie paffe donc à la diffection de ma piece en tous fes membres, afin que par la diuifion des parties il foit plus aifé de iuger de la compofition du tout.

Premierement pour ce qui regarde la fable, il eft hors de doute qu'elle eft tout à faict de genre Dramatique, non pas de conftitution double, mais mixte, & de fujet non fimple, mais compofé. Le meflange eft fait de parties Tragiques & Comiques, en telle façon que les vnes & les autres faifant enfemble vn bon accord, ont en fin vne ioyeufe & Comique cataftrophe, à la difference du meflange qu'Ariftote introduit dans la Tragedie, d'vne telle duplicité, que les bons y rencontrent toufiours vne bóne fin, & les mefchants vne mefchante. C'eft pourquoy ie treuue qu'elle eft plus femblable à l'Amphitrion de Plaute, qu'elle n'a de rapport auec le Ciclope d'Euripide, où la moitié de la Scene regorge de fang, & l'autre nage dans le vin, & qui proprement fe peut dire de double conftitution. Ie dy que cette fable eft de fujet non fimple, mais compofé comme la plus-part de celles de Terence, où l'on voit que l'vn fert de fujet principal, & l'autre d'Epifode, fi bien concerté toutesfois qu'il ne fait rien contre l'vnité de la fable: Le principal eft l'amour d'Aglate & de Siluanire, l'autre qui tient place d'Epifode fe forme en la perfonne de Tirinte & de Foffinde: les autres

PRÉFACE.

parties de la fable sont comme les instrumens & les moyens necessaires pour conduire le tout à sa fin auec la vray-semblance & la bien-seance des choses.

Secondement, pour l'ordre du temps, il est visible qu'elle est dans la iuste regle, c'est à dire qu'il ne s'y treuue pas vn seul effect qui vray-semblablement ne puisse arriuer entre deux Soleils: Ie suppose que Siluanire soit tombée en letargie sur le haut du iour, on la porte au tombeau le soir mesme, tant pour oster promptement ce funeste objet aux yeux du pere & de la mere, que pource que ce n'estoit pas encore la mode de laisser les morts vingt-quatre heures sur le lict; & de faict la coustume n'en est venue iusques à nous qu'apres quelques fameux exemples de semblables assoupissements, ioints aux ceremonies de la religion qui donne ce temps-là pour preparer les viuants à l'enterrement des morts: sur le poinct du iour elle reuient à soy, & dans quelques heures apres, le mariage d'elle & d'Aglante & de Fossinde auec Tirinte s'acheue, d'autant plus aisément qu'on ne change iamais de Scene, & que toutes choses y sont disposées. De sorte que la piece commence par vn matin & finit par vn autre. Or parce qu'elle est disposée à la Comique, ie la veux diuiser en quatre parties, suiuant l'ordre que les meilleurs Grammairiens obseruent en la diuision de celles de Terence, sçauoir est en Prologue, Prothese, Epithase & Catastrophe. Le Prologue recommande la

PREFACE.

pureté de la fable, & contient vne partie de l'Argument. La Prothese comprend les nopces pretendues de Siluanire & de Theante, fondées sur l'auarice de Menadre, l'auersió de Siluanire pour ce Berger, l'effect du miroir d'Alciron. L'Epithase contient la maladie de Siluanire, auec le mariage inesperé d'elle & d'Aglante du consentement de ses parens, sa mort, le desespoir d'Aglante, la rage de Tirinte, & tout le Forests en dueil. La Catastrophe embrasse sa resurrection, le dernier consentement du pere en faueur d'Aglante, la deliurance de Tirinte par l'inuention de Fossinde, & bref le repos de ces Amans apres tant de tumultes.

Voila, MONSIEVR, pour ce qui touche la nature & l'œconomie de mon sujet: Quant à la façon de le traitter, ie l'ay prise des modernes Italiens, obseruant à leur exemple tant que i'ay pû la bienseance des choses & des paroles, euitant comme ils ont fait cette importune & vicieuse affectation de pointes & d'antitheses, qu'on appelle Cacozelie, appuyant mes raisonnements de sentences & de prouerbes, & sur tout ne m'escartant iamais de mon sujet pour m'esgayer en la description d'vne solitude ou d'vn ruisseau. Que si quelqu'vn remarque que ie parle d'vn leurier à la chasse du cerf, qu'il sçache s'il luy plaist que i'entéds parler d'vn leurier fort & leger, comme estoient ceux d'Hircanie, de la taille à peu prés de ceux d'Angleterre, & de nos leuriers d'attache; aussi luy fay-ie prendre vn san-

PREFACE.

glier aux oreilles. Pour son estenduë, il est vray qu'elle passe vn peu au delà de l'ordinaire, & que l'ayant plustost faite pour l'Hostel de Montmorency que pour l'Hostel de Bourgongne, ie ne me suis pas beaucoup soucié de la longueur, qui paroist principalement au dernier Acte, à cause de la foule des effects qu'il y faut necessairement desmesler: si c'est vn defaut, c'est pour les impatients, & non pour les habiles. En fin, MONSIEVR, pourueu que mon trauail soit au goust de ceux qui l'ont parfaitement bon, comme vous l'auez, ie m'en tiendray bien recompensé. Pour le Censeur, ie ne l'apprehende point du tout; s'il est honneste homme ie profiteray de ses aduis, s'il ne l'est pas ie tesmoignerois l'estre encor moins que luy si ie m'en souciois.

Faute suruenuë en la Preface.
κόμμα lisez κόμμη.

A MONSIEVR MAIRET,
SVR SA SILVANIRE.

IEune Apollon de nostre Cour,
Mairet dont la veine feconde
Produit des œuures chaque iour
Qui sçauent charmer tout le monde,
Sans croire que nous nous lassons
Du doux accord de tes chansons,
Fay nous en tousiours de nouuelles,
Tes vers sont si nets & si doux,
Et tes conceptions si belles,
Qu'ils sont agreables à tous.

MARTIN.

A MONSIEVR MAIRET,
EPIGRAMME.

MAIRET tu donnes tant d'appas
A ta Bergere Siluanire,
Que le Censeur ne sçauroit pas
Y rencontrer de quoy mesdire:
C'est vn objet de chasteté,
C'est l'image d'vne Beauté
Qui brusle d'vne saincte flame,
Tu fais bien voir en ce tableau
La gentillesse de ton ame,
Et combien ton esprit est beau.

     VILLENEVFVE.

A MONSIEVR MAIRET.
SILVIE A SILVANIRE.

Stances.

Here sœur, ie n'ay point de honte
Que ta beauté qui me surmonte
Me rende desormais vn sujet de mespris:
Ie viens de mes butins augmenter ta victoire,
Et te donner toute la gloire
Pour vn ornement de ton prix.

Mes yeux pleins d'vne douce flame
Pour brusler le cœur d'vn Thelame
Seruirent autresfois de flambeaux à l'Amour:
Mais helas! que ie croy ma conqueste petite
Lors que ie cognois ton merite,
Qui doit charmer toute la Cour.

ii

SILVIE A SIEVANIRE.

Que ta beauté me soit contraire,
   Elle ne me sçauroit desplaire,
Malgré mon interest i'en aime la douceur,
I'attendray sans douleur que ta gloire prospere,
   Et pour faire viure ton pere
   Que tu fasses mourir ta sœur.

J'estois autresfois la merueille,
   Et vray'ment i'estois sans pareille,
Si deuant ta naissance il eust finy son sort:
Mais quoy que ce bonheur soit bien digne d'enuie,
   I'aime mieux le perdre en ta vie
   Que le conseruer par sa mort.

Si tu ne me veux bien tost suiure
   Prens garde à le faire trop viure,
Il en va faire encor de plus belles que toy:
De quelque eternité qu'on flatte ta naissance,
   A-t'il sur toy moins de puissance
   Qu'il en exerce dessus moy?

SILVIE A SILVANIRE.

Non, tu seras tousiours l'vnique,
 Quelque pouuoir dont il se pique,
 Le monde n'a iamais veu luire qu'vn Soleil:
 N'apprehende donc point de treuuer ta seconde,
 Puisque pour t'auoir mise au monde
 Ton pere n'a point de pareil.

Aussi nostre ville dorée
 Pour voir ta grandeur adorée
 Te dresse sur ses monts de superbes autels,
 Et ses ieunes beautez dont elle est animée
 Donneront à ta renommée
 Tout ce qu'on doit aux immortels.

Tu la rends bien plus glorieuse
 Que cette troupe audacieuse   [mains,
 Qui vient chercher la mort iusques dedans ses
 Ny que ce grand rocher qui luy sert de murailles,
 Et fendit ses dures entrailles
 Pour faire vn passage aux Romains.

SILVIE A SILVANIRE.

Accepte donc cette couronne
 Et ce laurier qui l'enuironne,
 Marque de ta victoire & gage de ma foy,
 Ne crains pas que iamais elle te soit rauie,
 Et croy que surpassant Siluie
 Toutes les autres sont à toy.

FRANÇOIS DE LISOLA
Besançonnois.

AV MESME,
SVR SA SILVANIRE.

Epigramme.

AGreable menteur, ta feinte nous inspire
Vne si douce erreur, que prenant Siluanire
 Pour vn obiect viuant,
Rauy de tant d'appas qu'en elle ie reuere,
Ie te conseillerois d'estre son poursuiuant,
 Si tu n'estois son pere.

D'AL. EV. D'ALB.

A MONSIEVR MAIRET,
SONNET.

IEune Cigne estranger qui des riues du Doux
Viens charmer de ton chant les peuples de la Seine,
  Un ruisseau qui se brise à de petits cailloux
  Coule moins doucement que ne coule ta veine.

Et quand de ton Heros si fameux parmy nous
  Tu chantes les combats d'vne plus forte haleine,
  Nous voyons que d'vn change inimitable à tous
Elle court en torrent qui rauage la plaine.

Mais de voir comme on voit la bonté de tes mœurs,
  Et d'vn si ieune Ouurier des ouurages si meurs,
  C'est de quoy plus encor nostre Siecle s'estonne.

Car apres tant d'effects que ta plume a produits,
  Qui ne dit qu'au Printemps tu nous dônes des fruits
  Que les plus grands Esprits n'ont donnez qu'en
    Automne?

De L. M.

A MONSIEVR MAIRET,
SONNET.

Qve ces diuins transports d'vne amoureuse flame
Ont de subtils appas pour charmer nos esprits,
Cher Mairet, que mes sens sont doucement espris
De la saincte fureur qui possede ton ame.

Apollon que chacun incessamment reclame
Ne doit plus escouter ny nos vœux ny nos cris,
Puisque seul desormais tu remportes le prix
D'estre inspiré de luy sans encourir du blasme.

Ie n'admire plus rien dedans cet Vniuers
Dont le bruit soit si doux que celuy de tes vers:
O que ta Siluanire en doit estre rauie.

Car en despit du sort qui la mit au tombeau
Elle iouyt encor d'vn plus heureux flambeau,
Et te rend immortel luy redonnant la vie.

BVRNEL.

ALL' SIGr MAIRET,
POETA GALLICO.

MAiret, che per l'eccelse e verdi cime,
 Di' Pindo, oue ben rari Apollo ha' scorto,
 Ten vai trà'l sacro choro hor à diporto,
 Et mi chiami in di à cantar versi & rime.

Me, cui dal camin destro erto e sublime
 Sinistro fato in vie diuerse hà torto,
 In drizza col tuo stil soaue e scorto,
 Dietro le belle tue vestigia prime.

Che di quell' altra, che con tai fatiche
 Acquistasti in poggiar grado sì degno,
 Forse questa non fia minor corona.

Vdir, Mairet hà cosi' le Muse amiche;
 Che puote aprir à tal (ch'e' forse in degno)
 I varchi di Parnaso, & d'Helicona.

GIO. BAPTISTA ROSA
Neapolitano.

Extraict du Priuilege du Roy.

PAR grace & priuilege du Roy, il eſt permis au Sieur MAIRET, de faire imprimer en telle marge, caractere & volume qu'il aduiſera, vn liure qu'il a compoſé intitulé LA SILVANIRE, Paſtorale. Faiſant tres-expreſſes inhibitions & defenſes à tous Libraires & Imprimeurs de ſon Royaume, & à toutes autres perſonnes de quelque qualité & condition qu'elles ſoient, d'imprimer ou faire imprimer, vendre ou diſtribuer ledit Liure dans le temps de ſix ans, à commencer du iour & date qu'il ſera acheué d'imprimer, ſans le conſentement dudit Sieur Mairet, ſur peine aux contreuenans de trois mil liures d'amende, & confiſcation des exemplaires qui ſe trouueront imprimez & mis en vente au preiudice des preſentes. Voulant en outre qu'en mettant au commencement ou à la fin dudit Liure autant de ceſdites preſentes ou extraict d'icelles, elles ſoient tenuës pour ſignifiées & venuës à la cognoiſſance de tous. Nonobſtant oppoſitions ou appellations quelconques, & ſans preiudice d'icelles, Clameur de Haro, Charte Normande, priſe à partie, & lettres à ce contraires: comme il eſt plus amplement porté par l'original des preſentes donné à Paris le troiſieſme iour de Feburier, l'an de grace mil ſix cens trente-vn, & de noſtre Regne le vingt-vnieſme.

Signé,

Par le Roy en ſon Conſeil,

FARDOIL.

Acheué d'imprimer le 5. Auril 1631.

Faute ſuruenue au Prologue, premiere Stance.
Me ceigne auſſi la teſte, liſez *Ne ceigne*.

L'AMOVR HONNESTE.

Prologue.

SI pour auoir au dos vn different plu-
mage,
Vn arc à la main gauche, à la droite vn
flambeau,
Et tout cet appareil qu'on peint en mon
image,
Quelqu'vn auec raison s'estonne qu'vn bandeau
Me ceigne aussi ma teste,
Ie suis l'Amour honneste,
De qui les mouuements ne sont point desreglez,
Ny les yeux aueuglez.

ã ã

PROLOGVE.

Je suis ce mesme esprit d'origine celeste
Qui fit cheoir en victime aux Parques sans pitié
Ce miracle d'Hymen, l'incomparable Alceste,
Pour le prix du salut de sa chere moitié,
 Et qui fit qu'Artemise
 Garda la foy promise
Aux cendres de Mausole, honoré d'vn tombeau
 Du monde le plus beau.

Le feu dans son repos, la plus claire Planette,
Et l'Astre le plus beau de tout le firmament,
Ne luisent point encor d'vne flame si nette
Que celle dont ie brule vn vertueux Amant:
 Aussi iamais la terre
 N'a senty le tonnerre
Pour acte dont le crime auecques verité
 Me puisse estre imputé.

DE L'AMOUR.

Si Paris de son hoste a la couche poluë,
Si Biblis a conceu des desirs insensez,
Ou si Phedre a brulé d'une ardeur dissoluë,
Et de son chaste fils les beaux iours aduancez;
 Ces feux illegitimes
 De mesme que leurs crimes
Sont d'un certain Demon qui se pare effronté
 De mon nom emprunté.

Ie sçay qu'vn faux Amour de terrestre origine,
Dont iamais la vertu ne regle les desirs,
Et qui brutalement comme oyseau de rapine
Se paist de voluptez, & de sales plaisirs,
 Prophane mes mysteres,
 Commet mille adulteres
Et dangereux aueugle, aueugle les mortels
 Qui luy font des autels.

        ãã ij

PROLOGVE.

Nous portons l'vn et l'autre vne torche et des fléches,
Nous nous seruons tous deux de douceur & d'appas,
Nos coups dedãs les cœurs font biẽ les mesmes bréches,
Mais les mesmes effects ne s'en ensuiuent pas,
  Et la plus-part des hommes
  (Si semblables nous sommes)
Pensent que comme moy cet imposteur soit Dieu
  Sorty de mesme lieu.

Nous gardons cependant chacun nostre coustume,
Mon ieu commence en mal pour s'acheuer en bien,
Et le sien au rebours finit en amertume,
Et commence en douceur au contraire du mien:
  Ie n'attise mes flames
  Que dans les belles ames,
Où ce lasche vautour ne vole qu'aux esprits
  Qui sont de peu de pris,

DE L'AMOVR.

Il se plaist à la Cour, sejour de la licence,
Et feconde matiere à des actes meschants:
De moy qui suis amy de la pure innocence
Ie ne veux point quitter la demeure des champs,
  Tant que les Destinées
  Et le cours des années
Pour vn sujet Romain m'obligent quelque iour
  A celle de la Cour.

Dans le Ciel d'où ie viens le sort m'a fait connestre
Que sur les bords du Tibre aujourd'huy si puissant
Du beau sang des Vrsins vne Beauté doit naistre
En rares qualitez, toute autre surpassant,
  Qui sous vn Roy plus iuste
  Et plus heureux qu'Auguste,
Rendra de ses vertus les François esbahis
  Dans leur propre pays.

PROLOGVE.

Alors dedans son sein comme dedans vn Temple
Ie pourray me loger en toute seureté,
Sans craindre que la Cour qui suiura son exemple
Ne conserue mes loix dedans leur pureté:
  Mais attendant qu'arriue
  Cette saison tardiue
Ie ne quitteray point les Bergers du Forests,
  Ny ses antres secrets.

La fortune aujourd'huy m'a promis de me plaire,
Et de faire auec moy des prodiges d'Amour,
C'est pourquoy le Soleil si viuement esclaire,
Qu'il semble redoubler la lumiere du iour,
  Iamais quoy que l'on die
  Des Pasteurs d'Arcadie,
Ie n'ay mis dans leurs cœurs des sentiments si doux,
  Ny fait de si beaux coups.

DE L'AMOVR.

Depuis quatre ou cinq ans Aglante & Siluanire
Eschauffent mes autels de souspirs amoureux,
En fin i'ay resolu de finir leur martyre
Par vn coup de ma main qui s'appreste pour eux,
Ie fais la recompense
Lors que moins on y pense,
Et peu certes encor m'ont seruy quelque temps
Qui n'ayent esté contents.

VERS OVBLIEZ EN L'IMPRESSION.

Pag. 73.

Pourueu que d'autre part vous nous rêdiez contents.

Lisez en suite,

Ayans tousiours de vous l'aueugle obeïssance
Que des enfans bien nez exige la naissance.

Pag. 115.

Va sortir au deuant s'il n'est desia sorty.

Lisez en suite,

Aglante auec Menandre emporte cette belle,
Et Lerice les suit, tous trois aussi morts qu'elle.

Pag. 139.

Et qu'assez fixement vous vous y regardastes.

Lisez en suite,

Durant le peu de temps que vous me le gardastes.

Pag. 141.

Vne parfaite amour toute chose surmonte.

Lisez en suite,

C'est de luy que i'attens qu'vn succés fortuné
Couronne mon dessein puis qu'il me l'a donné.

ERRATA.

Pag. 2. Acte 1. Scene 1. *au vif esclat du feu*. lisez, *de feu*.
Page 112. *de mes cris estourdie*. lisez, *assourdie*.
Pag. 113. *mais pourrons*. lisez, *nous pourrons*.

LA

LES PERSONNAGES.

L'AMOVR HONNESTE. Prologue.
AGLANTE.
HYLAS.
TIRINTE.
ALCIRON.
} Bergers.

SILVANIRE.
FOSSINDE.
} Bergeres.

MENANDRE.
LERICE.
} Pere & Mere } de Siluanire.

LE MESSAGER.
LE DRVIDE.
LE CHOEVR DES BERGERS.
LE CHOEVR DES BERGERES.

La Scene est en Forests.

A

ARGVMENT
du premier Acte.

Glante raconte le sujet de sa tristesse à son amy Hylas, qui tasche en vain de le diuertir de son amour. Comme ils parlent, Menandre & Lerice suruiennent: Aglante qui s'estoit caché dans vn Rocher, qui s'auançoit sur le chemin, pour n'estre pas apperceu de Menandre, apprend par ses discours qu'il cherchoit sa fille pour la faire resoudre au mariage d'elle & de Theante. Apres quelques plaintes il coniure Hylas de parler à Siluanire pour luy: Ce que le Berger fait au sortir de là; mais en apparence inutilement.

LA SILVANIRE.

ACTE PREMIER.

SCENE PREMIERE.

HYLAS.   AGLANTE.

HYLAS.

AGLANTE, maintenant confesse que i'entens
Les presages certains du bon ou mauuais temps:
Tantost qui n'eust pas dit, voyant tant de nuées
Partout nostre horison desia continuées,
Qu'aujourd'huy l'œil du Ciel verseroit tant de pleurs,
Que Flore en eust pleuré le degast de ses fleurs:

A iij

Nous voyons cependant contre toute esperance
D'vne belle iournée vne belle apparence:
Les trosnes de nos Rois ont-ils rien de pareil
Au vif esclat du feu du berceau du Soleil?
Et quelque vanité qu'on donne à leur puissance
Ont-ils cette splendeur qui luit à sa naissance?
Son leuer aussi chaud qu'il ayt iamais esté
Promet en son midy le Printemps & l'Esté:
Et si tu prens bien garde à ce grand Luminaire,
Il a ie ne sçay quoy de plus qu'à l'ordinaire:
Certes ie croy pour moy que le Ciel entreprend
Ou medite auiourd'huy quelque chose de grand,
On diroit qu'il s'entend auecques la Nature,
Et qu'elle attend de luy quelque estrange auanture:
Iamais sans violer les loix de l'Vniuers
Elle n'a mis au iour plus de tresors diuers:
Car toutes les beautez, dont la saison nouuelle
A droit de se parer elle les reçoit d'elle.
De sorte, cher amy, que tout auec raison
Nous inuite à ioüyr des fruits de la saison:
De moy, franc de soucy, quelque objet que ie voye
Porte insensiblement mon esprit à la ioye.

AGLANTE.

O! s'il m'estoit permis d'en pouuoir dire autant,

Hylas, mon cher Hylas, que ie serois content:
Mais voicy la quatriesme ou la cinquiesme année
Qu'aux supplices d'amour mon ame condamnée
Est encor à treuuer vn moment de loisir
Pour gouster vne fois vn solide plaisir.
La Nature de pompe & de beauté pourueuë
Mille fois plus encor qu'on ne l'a iamais veuë
Pourroit tenter mes sens auec tous ses appas,
Que mon cœur au plaisir ne se lascheroit pas.
HYLAS.
Quelle humeur, ou plustost quelle melancholie.
AGLANTE.
Telle qu'on la peut dire vne extreme folie.
HYLAS.
Puisque tu sçais ton mal, que ne t'efforces-tu
D'en arrester le cours par ta propre vertu?
AGLANTE.
De toute ma vertu ie luy fais resistance,
Et toute ma vertu ne gist qu'en ma constance.
HYLAS.
Voicy de mes esprits qui sottement constants
Sont tousiours mesprisez, & tousiours mal contents:
Voyons, pour ne parler que de cette contrée,
Comme il en a bien pris au seruiteur d'Astrée.

La constance est vn songe, & ce genre d'Amants
Ne doit estre receu que dedans les Romans:
De moy suiuant la loy de la nature mesme,
Ie ne sçaurois aimer qu'vne beauté qui m'aime.
####### AGLANTE.
Ton sentiment si libre & si bien exprimé
Monstre assez clairement que tu n'as point aimé.
####### HYLAS.
I'ay plus aimé tout seul que n'aiment tous ensemble
Les Bergers de Lignon.
####### AGLANTE.
    C'est pourtant ce me semble
Impossibilité d'aimer, & d'estre Hylas.
####### HYLAS.
Pers cette opinion, Aglante, si tu l'as,
Chriseide, Alexis, Floriante, Madonte,
Et tant d'autres qu'en fin ie n'en sçais pas le conte,
Mõstrent bien qu'en tout cas i'ay mieux aimé que toy.
####### AGLANTE.
Si tu dis plus souuent, non pas mieux, ie le croy.
####### HYLAS.
Si chez les combatans ceux là font mieux la guerre
Qui se peinans le moins en couchent plus par terre,
Ceux là font mieux l'amour qui moins se trauaillans

          Sont

Sont toufiours couronnez, comme les plus vaillans:
Aglante aime à l'antique, Hylas aime à la mode,
Et sa façon d'aimer n'est iamais incommode,
Où la perte du temps, les pleurs & les ennuis
Accompaignent la tienne & les iours & les nuits.
I'approuue qu'vn Berger qui veut faire fortune
Serue fidelement tout au plus vne Lune,
Et que durant ce temps il bande ses esprits
A se rendre agreable à l'objet entrepris.
Apres si par sottise ou bien par suffisance
L'ingrate n'a pour luy ny soin ny complaisance,
Qu'aussi tost son desir coure à la noueauté,
Et qu'il offre ses vœux à quelque autre Beauté,
Qui d'vn œil plus benin verra ses sacrifices.
C'est ainsi, pauure Amant, qu'il faudroit que tu fisses,
Et non pas t'obstiner à ce monstre d'orgueil
Qui deuore ton âge & te creuse vn cercueil.
Solitaire, resueur, tout deffait & tout blesme,
Tu commences desia de n'estre plus toy-mesme.

AGLANTE.

Ie te rends grace, Hylas, de tes sages aduis,
Que tout autre qu'Aglante eust peut-estre suiuis:
Mais quoy! puis-ie lutter contre les Destinées
Du point de ma naissance à me nuire obstinées?

B

LA SILVANIRE.
HYLAS.
» Vn lasche cœur se fait dedans l'aduersité,
» De son peu de courage vne necessité.
AGLANTE.
Que ce soit vn Destin, ou ma propre foiblesse,
Rien ne me peut guerir que la main qui me blesse.
HYLAS.
Elle a bien fait parestre, au moins iusques icy,
Qu'elle a de ton salut vn merueilleux soucy:
» C'est bien mal à propos que du iardin d'vn autre
» Nous attēdons les fleurs qui croissent dās le nostre.
AGLANTE.
Qu'il est facile, ô Dieux! dans la tranquillité
De payer de conseil & de moralité:
Mais si ie t'auois dit le suiet qui m'engage,
Tu changerois bien tost de cœur & de langage;
Toy-mesme tu verrois qu'Amour fait de ses yeux
Vn sort plus absolu que n'est celuy des Dieux,
Qu'vne ame à son empire vne fois asseruie
N'en peut iamais sortir qu'en sortant de la vie,
Et mesurant ma force à l'estat où ie suis,
Tu dirois que me plaindre est tout ce que ie puis.
HYLAS.
Ne cognoistray-ie point cette rare merueille?

AGLANTE.
Ouy, si tost que son nom frappera ton oreille.
HYLAS.
Ie n'attens que cela.
AGLANTE.
Quoy, sans ouyr son nom
Tu ne la cognois pas?
HYLAS.
Tu peux croire que non:
Est-ce vn sujet fameux comme la terre & l'onde,
Pour estre absolument cognu de tout le monde,
Ou si ie dois auoir le don de deuiner?
AGLANTE.
Non, mais il est aisé de se l'imaginer
A qui sçaura que c'est l'ouurage le plus rare
Dont le Ciel s'embellisse & la terre se pare,
L'honneur de nos forests, la gloire de nos iours,
Et le plus digne objet des plus dignes amours
Que pourroiēt cōceuoir les plus heureux Monarques.
HYLAS.
Je pense la cognoistre à de si belles marques,
Sans doute c'est l'Aurore ou la sœur du Soleil.
AGLANTE.
Elle a comme l'Aurore vn teint frais & vermeil,

Vn port, vn air, vn œil, qui n'a rien de prophane,
Et bien plus de rigueur qu'on n'en donne à Diane.
En fin, pour t'obliger, & pour me plaire aussi,
Berger, c'est l'orgueilleuse & belle. Mais voicy
Menandre auec Lerice, auant qu'il soit plus proche
Cachons-nous, ie te prie, au creux de cette roche.

ACTE PREMIER.

SCENE II.
MENANDRE.   LERICE.

MENANDRE.

Ous promenōs en vain nos regars et nos pas,
Certain que d'auiourd'huy nous ne la ver-
    rons pas,
Ie ne cognois que trop qu'elle fuit ma rencontre :
Si faut-il que le soir en fin elle se montre,
Et le iour qui la cache aura peu de pouuoir
Pour empescher la nuict de me la faire voir.
Malgré cette rigueur, qu'elle a si malseante,

LA SILVANIRE.

J'entends que dans trois iours elle soit à Theante,
Ainsi qu'incessamment i'en suis sollicité.
LERICE.
Le terme ce me semble est bien precipité,
Car outre que le faict de luy-mesme demande
Plus de reflexion, la fille est desia grande:
Encor ne faut-il pas la prendre au pied leué,
Rien n'est iamais trop tard qui soit bien acheué.
MENANDRE.
Vous discourez en femme, & ne prenez pas garde
Qu'on rebute Hymenée alors qu'on le retarde,
Et que malaisément vn semblable party
Nous viendroit rechercher vne fois diuerty:
L'affaire nous regarde auec tant d'auantage,
Que c'est stupidité d'y songer dauantage.
LERICE.
Mais encore, Menandre, il est iuste apres tout
Qu'on luy fasse agréer. MEN. I'en viendray biē à bout,
Ie sçay bien le pouuoir que m'a donné sur elle
L'inuiolable droict de la loy naturelle,
Elle s'y resoudra de force ou de douceur.
LERICE.
De ces deux le dernier est tousiours le plus seur,
Veu que sans la flatter, peu dans le voisinage

B iij

Ont le clair iugement qui luit en son ieune âge,
Et qui n'aura de but que vostre volonté.
MENANDRE.
Si vous ne la perdez, auec vostre bonté,
Comme ordinairement fait la pluspart des meres,
Dont les cerueaux mal sains se forgent des chimeres:
Vous la faites si sage, & vous voyez pourtant
Le peu de soin qu'elle a de me rendre content:
Quand Theante l'aborde elle quitte la place,
Ou luy fait vne mine aussi froide que glace.
LERICE.
S'en faut-il esbahir? elle craint ce Berger
Qui luy presente encore vn visage estranger:
Sa conuersation vn peu particuliere
En moins de quinze iours la rendra familiere.
MENANDRE.
Je n'en donne pas tant à les voir marier.
LERICE.
Elle a trop de vertu pour vous contrarier.
Mais allons la chercher, elle est possible allée
Chasser auec Fossinde au bois de la valée.

ACTE PREMIER.

SCENE III.

AGLANTE. HYLAS.

AGLANTE.

Funeste nouuelle! ô Dieux! qu'ay-ie entendu,
Mon mal est sans remede: Hylas! ie suis perdu.
Ah Menandre! ah Menandre!

HYLAS.
Et bien que veux-tu dire?

AGLANTE.
Que ie me meurs d'amour, que c'est pour Siluanire,
Et que l'arrest sanglant du vieillard & du sort
En faueur de Theante a resolu ma mort.

HYLAS.
Je cognois la Bergere, elle est vray'ment fort belle:
Mais sçachant d'autre part comme elle t'est rebelle,
Ie pense que les Dieux font tomber à propos

Cette auanture cy pour te mettre à repos,
„ Puis qu'en perdant l'espoir il faut perdre l'enuie.

AGLANTE.

Dy qu'en perdant l'espoir ie dois perdre la vie,
Non que i'aye sur elle autre pretension
Que de me l'obliger par mon affection:
Mon amour ne veut point qu'vn autre la possede,
Et ma raison d'ailleurs veut qu'à tous ie la cede.

HYLAS.

Tu n'esperes donc rien.

AGLANTE.

Rien que la seule mort,
Rien, Hylas, rien du tout.

HYLAS.

Tu te plains donc à tort:
„ Qui cesse d'esperer il cesse aussi de craindre,
„ Et dés qu'on ne craint rien on a tort de se plaindre.

AGLANTE.

Aglante à dire vray n'espere ny ne craint,
Et c'est l'occasion pour laquelle il se plaint,
Car si le moindre espoir rayonnoit dans son ame,
Quelque difficulté qui combatte sa flame,
Il penseroit la vaincre à force d'endurer,
Et prendroit patience au lieu de murmurer.

Soit,

HYLAS.
Soit, que toute esperance à ton amour soit close,
(Chose qui toutesfois à la raison s'oppose)
Estant à mon aduis plus facile de voir
Vn Automne sans fruits qu'vn amour sans espoir:
Si ton ame aime bien, quoy que tu vueilles dire,
Ne pouuant esperer il faut qu'elle desire.
AGLANTE.
Il est vray, ie desire, & mourray satisfait,
Pourueu que mon desir obtienne son effait:
Ses richesses, peut-estre? ou bien comme tu penses,
Ses souspirs, ses baisers, trop dignes recompenses?
Non, puisque cet honneur qu'elle eut tousiours si cher
Me defend de vouloir ce qui la peut fascher.
HYLAS.
Et quoy donc?
AGLANTE.
   Que ma foy tousiours inuariable
Viue dans sa memoire, & luy soit agreable,
Ainsi mon mal present, ainsi mon mal passé.
HYLAS.
Et le futur encor. AGL. Sera recompensé,
A plus riche loyer n'aspire mon attente.

            C

LA SILVANIRE.

HYLAS.

» *Assez riche est celuy qui de peu se contente:*
Mais qui me restreindroit à si sobre desir,
Certes l'Amour chez moy seroit bien de loisir.

AGLANTE.

Hylas aime à sa mode, Aglante aime à la sienne.

HYLAS.

» *Iustement: c'est pourquoy qui bien est bien s'y tienne.*

ACTE PREMIER.

SCENE IV.

AGLANTE. HYLAS. SILVANIRE.

AGLANTE.

Dieux! la voicy qui vient belle comme le iour,
Et qui meine auec soy le desdain & l'amour,
Vois-tu comme la grace auec elle chemine?
Et bien Hylas?

HYLAS.

Ie meure elle a tresbonne mine,

LA SILVANIRE.

Et sa rigueur à part rien ne peut l'égaler.

AGLANTE.

C'est peu que de la voir, il faut l'oüyr parler:
Car si l'œil qui la voit la prend pour vn miracle,
L'oreille qui l'entend la prend pour vn oracle.

SILVANIRE.

Bergers, qu'heureusement ie vous rencontre icy,
Pourueu que vous m'ostiez d'vn penible soucy:
Depuis vne heure ou deux ie cours par ces campagnes,
A dessein de me ioindre à mes cheres compagnes;
De grace obligez moy de me vouloir montrer
L'endroit où ie pourrois plustost les rencontrer.

AGLANTE.

Bergere, l'ornement de nos riches prairies,
Si ie sçauois où sont vos compagnes cheries,
Ie ne demanderois pour vous les enseigner
Que le contentement de vous accompagner.

SILVANIRE.

O Destins! faudra-il, quelque effort que ie fasse,
Que ie perde aujourd'huy le plaisir de la chasse?

HYLAS.

Sans aller à la chasse, & sans courir les bois,
Tu peux dés à present voir vn serf aux abois.

C ij

LA SILVANIRE.
SILVANIRE.
Diane a bien sujet de vous estre obligée,
De vous moquer ainsi de sa Nymphe affligée:
Vous preserue le Ciel de sa seuerité.
HYLAS.
Aglante m'est tesmoin que ie dis verité.
AGLANTE,
Hylas est veritable: Escoutez Siluanire,
C'est moy qui suis le cerf que ce Berger veut dire,
Cerf qui blessé du trait que vos yeux m'ont tiré,
Et de tristes pensers au dedans deschiré,
Viens mourir à vos pieds, si vostre main n'essaye
D'appliquer promptement le dictame à ma playe.
SILVANIRE.
Quand verray-ie finir ces importuns discours?
AGLANTE.
Lors que vous ou la mort m'aurez donné secours.
SILVANIRE.
Adieu, si plus long temps en ces lieux ie m'arreste
J'arriueray trop tard à la mort de la beste.

LA SILVANIRE.

ACTE PREMIER.

SCENE V.

AGLANTE. HYLAS.

AGLANTE.

'Inhumaine s'enfuit sans vouloir m'escouter,
Comme si la cherir estoit la rebuter,
Mon mal dont le recit toucheroit vne souche,
Au lieu de l'adoucir l'aigrit & l'effarouche.

HYLAS.

La charité m'oblige autant que l'amitié
De te donner secours, ton sort me fait pitié,
Il vaut mieux tost que tard brauer ce qui nous braue,
Et viure en affranchy que mourir en esclaue:
Cesse cesse d'aimer ce rocher animé,
Et te hay s'il se peut de l'auoir trop aimé:
Cette raison qu'vn Dieu dans nos ames distile
Aux douleurs de l'esprit sera-t'elle inutile?

LA SILVANIRE.
AGLANTE.
De combien ton remede est pire que le mal.
HYLAS.
Il dit ces deux vers tourné vers les Spectateurs.
Qu'à vray dire vn Aglante est vn lasche animal,
Et qu'en luy la constance est vne estrange verue.
Or sus, en quoy veux-tu que ton amy te serue?
AGLANTE.
Si tu voulois vn peu l'entretenir de moy,
Luy conter ma douleur, luy parler de ma foy;
Et comme ton esprit ne manque point d'adresse,
L'assurer que desia le desespoir me presse;
Bref me representer tel qu'vn pauot couché
Que la rigueur du froid ou le coutre a touché:
Tu pourrois m'adoucir cette ame impitoyable,
Obliger vn amy d'vn seruice incroyable,
Et sauuer vn Amant d'vn asseuré trépas.
HYLAS.
Ce discours me suffit, i'y vay tout de ce pas.
AGLANTE.
Solliciter pour moy?
HYLAS.
Pour toy ie te le iure,
Et le croire autrement c'est me faire vne iniure.

LA SILVANIRE.
AGLANTE.
Va, tu me l'as iuré.
HYLAS.
Ie te le iure encor
Par le Guy de l'an neuf, & par la serpe d'or.

Combien doit estre grand le crime de constance
Qui charge son autheur de tant de penitence.
Deïté sans pouuoir, mystere fabuleux,
Dont nous pense abuser vn sexe frauduleux,
Vertu des sots Amants qu'à bon droit ie deteste,
N'es-tu point aux esprits ce qu'aux corps est la peste?
Mais voila Siluanire, ah! qu'en faueur d'autruy
Il me faut bien vanter cette idole auiourd'huy.

ACTE PREMIER.

SCENE VI.
SILVANIRE. FOSSINDE. HYLAS.

SILVANIRE.

Ve i'ay regret, ma sœur, de n'auoir pû me rendre
Auec vous ce matin.

FOSSINDE.

Ie vous ay fait attendre
Au moins vne bonne heure au prochain carrefour,
Où toute l'assemblée a preuenu le iour,
Le cerf nous a donné de l'exercice à toutes,
Car dés le Laissez courre il a tenu les routes
Iusqu'à tant que d'vn trait à l'espaule percé
Il a pris la riuiere, où nous l'auons forcé.
Philis qui la premiere a tiré sur la beste,
Comme victorieuse en remporte la teste.
Au reste ce leurier que la ieune Daphné
Auoit dernierement à la chasse amené,

Qui

LA SILVANIRE.

Qui prit si vaillamment le sanglier aux oreilles.
SILVANIRE.
Ie sçay bien, qu'a-il fait?
FOSSINDE.
      Il a fait des merueilles,
Iamais leurier ne fit ny ne fera si bien,
Diane assurément n'a point vn meilleur chien,
Il court, ou pour mieux dire, il ne court pas, il vole.
SILVANIRE.
Daphné l'aime donc bien.
FOSSINDE.
      Ma sœur, elle en est fole,
Celie aux belles mains dit assez plaisamment
Qu'il vaut mieux estre aussi son chien que son amant.
SILVANIRE.
O chasse! le plaisir des plaisirs de la vie.
FOSSINDE.
Si de tant de fatigue elle n'estoit suiuie.
HYLAS.
Que Fossinde a bien dit, & que bien sagement
Elle monstre par là quel est son iugement:
A l'aimable orient du bel âge où vous estes
Faudroit-il s'amuser à poursuiure des bestes?
Quel plaisir de suer en brossant les forests

          D

Sous l'inutile poids de la trouſſe & des rets,
Ce penible meſtier veut la force des hommes.
SILVANIRE.
Et que pourriõs-nous faire en l'eſtat où nous ſommes?
HYLAS.
Chaſſer.
SILVANIRE.
Tu le defens.
HYLAS.
Non, pourueu que les cœurs
Soient la proye & le prix de vos yeux les vainqueurs,
Et qu'on n'abuſe point de l'honneur de la priſe.
SILVANIRE.
L'eſtime qui voudra, pour moy ie la meſpriſe,
I'aime mieux le ſeul bois ou d'vn cerf ou d'vn daim,
Que tous vos cœurs enſemble.
FOSSINDE.
Auec moins de deſdain
Vn ſeul cœur que ie ſçay me ſeroit plus aimable
Que tous les cerfs du monde, & ſans eſtre blaſmable.
HYLAS.
Cruelle, ſçais-tu bien qu'vn miſerable amant
Que t'ay tantoſt quitté d'ennuis ſe conſumant,
Les yeux noyez de pleurs, la poitrine bruſlante,

Et prest à se l'ouurir d'vne main violente,
Raconte à ces rochers plus sensibles que toy
Ton extreme rigueur, & son extreme foy?
Ah! si tu le voyois en l'estat qu'il endure,
(Ton cœur fust-il encor d'vne trempe plus dure)
A ce dolent objet de parfaite amitié
Donneroit à tes yeux des larmes de pitié:
En effect il ressemble vne pasle figure
Dont l'aspect & l'abord sont de mauuais augure:
C'est vn phantosme vain qui marche par ressorts,
Et qui resue tousiours comme resuent sans corps
Les malheureux amants dont la troupe sans nombre
Bien tost par tes mespris s'augmentera d'vne ombre.

SILVANIRE.

Ny ton discours, Hylas, ny son affliction
Ne font en mon esprit non plus d'impression,
Que les peines qu'Amour dans cent ans pourroit faire
Aux Pasteurs d'Arcadie, ou de l'autre hemisphere:
Non qu'vn bon naturel ne soit touché d'ennuy
Au simple & seul recit de la douleur d'autruy,
N'estant point de misere, ou veritable ou feinte,
Qui n'en puisse exiger le tribut de la plainte:
Mais sans estre inhumaine à mon cœur innocent
Puis-ie guerir le mal que tu dis qu'il ressent?

D ij

LA SILVANIRE.
HYLAS.
A ce compte, Bergere, il faudra qu'il perisse.
SILVANIRE.
Il faut que la raison ou le temps le guerisse.
HYLAS.
Contre l'actiuité d'vn mal si violent
,, La raison est trop foible, & le temps est trop lent.
FOSSINDE.
Qu'il est vray ce qu'il dit, & que l'experience
Me l'a bien fait cognoistre auec trop de science.
SILVANIRE.
Allons-nous-en, Fossinde.
FOSSINDE.
Allons.
SILVANIRE.
Adieu Pasteur,
Adieu meilleur amy que bon solliciteur.
HYLAS.
Adieu ieune orgueilleuse, adieu maladuisée,
Mesprisant tout le monde, & de tous mesprisée:
Quand l'âge effacera tous ces traits delicats,
Et ternira ce teint dont l'œil fait tant de cas,
Alors dans ton miroir, ou dans quelque fontaine,
Voyant de tes beautez la ruine certaine,

Tu casseras la glace, ou tu troubleras l'eau,
Et maudiras le peintre à cause du tableau.

C'est de cette façon que l'Amour fauorise
Ceux qui suiuent la loy que Syluandre authorise,
Qui sot Legislateur ne peut estre puny
De sa sotte doctrine à moins d'estre banny.

LE CHOEVR.

A Voir nos petits coupeaux
Riches de semences vertes,
Et nos campagnes couuertes
De Bergers & de troupeaux,
On diroit que nostre vie
De tout plaisir est suiuie,
Et que de cet âge d'or
Où nos peres ont veu toutes choses paisibles,
Nostre seule terre encor
En conserue aujourd'huy quelques restes visibles.

D iij

En effect qui ne sçait pas
 Que c'est icy la contrée
 Où la fugitiue Astrée
 Imprima ses derniers pas?
Quand la malice des hommes
Encor moins que nous ne sommes
Trompeurs & malicieux,
Ayant banny la foy qui l'auoit retenuë,
Elle retournoit aux Cieux
Auec le mesme habit qu'elle en estoit venuë.

Cependant à tout propos
 Vne disgrace fatale
 Comme vne fureur natale
 Vient troubler nostre repos,
Vn monstre sur nos riuages
Tous les iours fait des rauages
Qui nous arrachent des pleurs,
Autre serpent du Nil, il mange qui l'adore,
Se tapit dessous les fleurs,
Et fait languir sa proye auant qu'il la deuore.

LA SILVANIRE.

Si c'estoit qu'en nos marests
  Fust vne Hydre espouuantable,
  Ou qu'vn sanglier indomtable
  Chassast nos bœufs des forests,
  Ou bien que dans nos prairies
  Vn loup sur nos Bergeries
  Portast la mort en sa dent,
Nous nous consolerions de pertes si legeres :
  Mais ce monstre plus ardent   [geres.
Non content des Bergers fait la guerre aux Ber-

Ennemy de nostre paix,
  (Puis qu'il faut que l'on te nomme)
  Amour qui du cœur d'vn homme
  Comme vautour te repais,
  C'est toy qui causes nos pertes,
  Qui seul nos plaines desertes,
  Et seul nous fais souspirer.
Car parmy tant de biens dont le Forests abonde
  Qu'aurions-nous à desirer ?
Sans toy qui de nos maux es la source feconde.

Autrefois dedans nos champs
　Tout à tous estoit propice,
　La corde & le precipice
　N'estoient que pour les meschans:
　Mais depuis qu'à la male heure
　Amour y fit sa demeure,
　Tout bonheur nous a quittez,
　Cent Pasteurs innocens ont la raison perduë,
　Cent se sont precipitez,
　Et cent sous le licol ont leur ame renduë.

Au lieu d'estre parmy nous,
　Qui sommes des ames viles,
　Que ne vas-tu dans les villes
　Faire preuue de tes coups?
　C'est là que ta gloire entiere
　Comme en plus digne matiere
　Parestroit plus dignement.
　Va donc entre les Rois establir ton Royaume,
　Apres ton esloignement
　Ta sœur fera fleurir nos cabanes de chaume.
　　　　　　　　　　　　　　Mais,

Mais, ô sotte liberté
  De paroles insensées,
  O Dieux ! à quelles pensées
  S'est nostre cœur emporté ?
  Temeraires que nous sommes
  Au delà de tous les hommes,
  D'oser mesdire d'vn Dieu
  Qui sur tous autres Dieux estend ses priuileges,
  Et qui pourroit sur le lieu
  Clouer à leurs palais nos langues sacrileges.

S'il estoit tel en effait
  Que nous l'auons peint nous mesmes,
  Pouuant punir nos blasphemes,
  Ne l'eust-il pas desia fait ?
  C'est luy par qui la lumiere
  Fendant la masse premiere
  Fit le iour beau comme il est,
  Qui de tout l'vniuers ne fit qu'vne prouince,
  Et qui fait quand il luy plaist
  Dans le corps d'vn Berger luire l'ame d'vn Prince.

Il fait, prodige amoureux!
   Vn Courtisan d'vn barbare,
   Vn liberal d'vn auare,
   Et d'vn lasche vn genereux:
   Ses faits par d'autres exemples
   Dignes de l'honneur des Temples
   Sont assez iustifiez:
   La faute est aux amants qui sur peu d'apparence
   Trop tost se sont deffiez
   Du bien qui volontiers suit la perseuerance.

LA SILVANIRE.

ARGVMENT
du deuxiefme Acte.

Iluanire touchée des paroles qu'Hylas luy venoit de dire en faueur d'Aglante, se deffait de sa compagne Fossinde, afin de se pouuoir plaindre en liberté. Elle s'endort vaincuë de lassitude & d'ennuy: & raconte au Berger Tirinte le songe qu'elle a fait durant ce sommeil: Il l'entretient de son amour, & Siluanire luy parle de celle que la Bergere Fossinde auoit pour luy. Tirinte se desespere: il est consolé par Alciron, qui luy promet vn miroir par le moyen duquel il l'asseuroit de la possession de sa Maistresse.

LA SILVANIRE.

ACTE
DEVXIESME.

SCENE PREMIERE.

SILVANIRE seule.

Vstes Dieux qui sçauez auec quelle contrainte
Mon cœur s'ouure à ma bouche & ma bouche à la plainte,
S'il est vray, comme on dit, qu'auecques la clarté
Vous donnez à nostre ame encor la liberté,
D'où vient que tous les iours l'iniustice des hommes
Foulant impunément la foiblesse où nous sommes,
Nous rauit ce tresor que nous tenons de vous,
Et que vostre largesse a fait commun à tous?
Mais ce qui plus nous touche est que ces mesmes peres
Qui deuroient establir nos fortunes prosperes,

E iij

Ont vsurpé sur nous vn tyrannique droit,
Tel qu'aujourd'huy le mien l'exerce en mon endroit.
Vieillard imperieux qu'vne auarice infame
Fait liurer Siluanire à Theante pour fame,
Domestiques tyrans, parents desnaturez,
De nos contentements ennemis coniurez,
Et sous qui toutesfois vne coustume estrange
Veut que bon gré mal gré nostre destin se range,
Et qu'en nous immolant nostre deuoir soit tel
Qu'il nous faille adorer & le Prestre & l'Autel:
Helas! seray-ie donc l'exemple deplorable
De la seuerité d'vn pere inexorable,
Si l'on peut toutesfois donner vn nom si beau
A qui vend son enfant & le met au tombeau.
O! nature imprudente & iustement blâmable,
Si tu n'as mis en moy quelque chose d'aimable
Que pour m'assubiettir au pouuoir d'vn mary,
En qui tu ne fis rien digne d'estre chery,
D'vn stupide & mal fait, qui pour tout auantage
Ne sçauroit se vanter que d'vn riche heritage,
Et qui pour tout discours qu'il m'ait iamais tenu
N'a pû m'entretenir que de son reuenu.
Mon pere cependant le croit comme vn oracle,
Ne m'en parle iamais que comme d'vn miracle,

Ma fille, me dit-il en me parlant de luy,
C'est bien le plus parfait des Bergers d'aujourd'huy,
Cent troupeaux tous les iours errans dans ses prairies
Sont le riche ornement d'autant de metairies:
Que ton bonheur est grand si tu veux m'escouter,
Et que ton sort est doux si tu le sçais gouster.
Confesse apres cela que tu n'es pas soluable
D'vne telle faueur dont tu m'es redeuable.
Ainsi l'auare encor pretend fort m'obliger
En me sacrifiant aux biens de ce Berger,
,, Comme si dans la gesne vne chaine luisante
,, Pour estre toute d'or en estoit moins pesante.
Maisquoy qu'ils puissent faire ils trauaillẽt sans fruit,
Car ce qu'ils font entr'eux mon humeur le destruit:
Que si l'on m'y contraint d'vne force absoluë,
On sçaura que ie porte vne ame resoluë.
Parents, par vn trespas dés long temps arresté
Ie vous rendray le iour que vous m'auez presté:
C'est ainsi que trompant vostre rigueur extresme
Ie m'acquitte enuers vous & m'oblige à moy-mesme.
Il est vray que pensant aux frayeurs de la mort,
Ce qui fait dans mon ame vn plus sensible effort,
N'est pas tant d'esprouuer vne fin violente,
Que de mourir ingrate enuers toy (cher Aglante,)

Au moins si la personne est ingrate en effait,
Qui ne peut qu'en desir s'acquitter d'vn bien fait:
Car en fin ie confesse en ce lieu solitaire
Où la nature apprend toute chose à se taire,
Que tes rares vertus & tes soins amoureux
Deuroient estre suiuis d'vn succés plus heureux.
Mais celuy qui me tuë apres m'auoir fait naistre
Ne me permet pas tant que de les reconnestre,
Et le Ciel qui se rit de nous & de nos vœux
T'empesche de sçauoir le bien que ie te veux.
Ah! si comme le front ce cœur t'estoit visible,
Ce cœur qu'iniustement tu nommes insensible,
Voyant en mes froideurs & mes souspirs ardans
Les glaces au dehors & les feux au dedans,
Tu sçaurois qu'il n'est point de torture si grande
Que l'amour d'vne fille à qui l'honneur commande:
Alors, Aglante, alors tes yeux seroient tesmoins
,, Que pour taire sa peine on ne la sent pas moins.
Mais que ce lieu paisible & ces riues fleuries
Excitent puissamment mes tristes resueries:
Donc en laissant passer l'excessiue chaleur
Resuons sur le sujet de mon prochain malheur.
O Pasteur qui te plains de mon ingratitude,
Si tu me rencontrois dans cette solitude,

Que

LA SILVANIRE.

Que difficilement pourrois-tu presumer
Quelle est l'occasion qui me la fait aimer.

Icy elle s'endort de lassitude & d'ennuy.

ACTE DEVXIESME.

SCENE II.

TIRINTE. SILVANIRE.

TIRINTE.

*Oux amy des Amours, ieunesse de l'année,*
Printemps qui nous produis la plus belle
    iournée
Qui iamais ait monté dessus nostre horison,
Beau Printemps, que mon mal n'a-t'il sa guerison,
Afin de prendre part comme font toutes choses
Aux plaisirs attachez à la saison des Roses?
Si comme ton depart me laissa franc d'amour,
Franc d'amour aujourd'huy me treuuoit ton retour,
Ie me plairois à voir l'agreable peinture
Qui semble dans nos champs rajeunir la Nature

F

Et les petits aigneaux par des sauts redoublez,
Celebrer en beslant la naissance des bleds,
Où la Mere des fleurs d'vne main liberale
En vain à mes regards ses r chesses estale,
Tous ces charmes nouueaux qu'elle va presentant
Ne sçauroient plaire aux yeux si le cœur n'est content.
Mais allons plus auant, & voyons qui peut estre
Celle là qui repose à l'ombre de ce hestre.
 O bonheur vainement tant de fois desiré!
Voir Siluanire seule en ce lieu retiré,
Esclaue du sommeil & de la lassitude,
Elle mesme qui tient l'Amour en seruitude:
Sus mon cœur, sans trembler voyons nos ennemis,
Nous sommes asseurez puis qu'ils sont endormis.
Ah! veritablement ie croy que ses paupieres
En faueur de mes yeux ont caché leurs lumieres,
Ou plustost deux Soleils si bruslans & si clairs,
Que leurs moindres rayons sont de puissans esclairs:
La neige qui descend sur la campagne nuë,
Pure comme elle estoit au sortir de la nuë,
Et la rose au plus beau de sa ieune saison,
De son teint frais & blanc sont la comparaison;
Ses beaux cheueux dorez de qui le vent se ioüe,
Et qui nonchalamment font ombrage à sa ioüe,

Que sont-ils proprement qu'vne riche toison
Qui ne sçauroit auoir d'assez digne Iason?
Pour l'esprit d'vn Amant sa bouche à demy close
Est vn viuant cercueil de corail & de rose,
Beau cercueil d'où s'exhale vn Zephire embasmé,
Qui souffle à l'air l'odeur dont il est parfumé.
D'abord en la voyant l'œil trompé pourroit croire
Que c'est vne statüe ou de marbre ou d'yuoire,
N'estoit qu'on voit sa tresse errante au gré du vent,
Et sa gorge de lis par compas se mouuant.
Mais ie ne songe pas pendant que ie contemple
Cette diuinité dont mon cœur est le temple,
Que ie puis luy baiser & la bouche & le sein:
Oseray-ie acheuer ce superbe dessein?
Bien loin honte & respect, vos loix trop rigoureuses
Font plus de la moitié des peines amoureuses;
Vous n'aurez point assez de persuasion
Pour me priuer du fruict de cette occasion.
Doux enchanteur des maux & du corps & de l'ame,
Froid tyran de la nuict, sommeil que ie reclame,
Renforce tes liens, & iette sur ses yeux
Le plus long de tes forts & qui charme le mieux:
Comme de ta bonté i'attends ce beneficè,
De ma recognoissance attends vn sacrifice:

F ij

Deux gerbes de pauots & deux glirons pesans
Chargeront ton autel vne fois tous les ans.
Ah! perfide sommeil, enuieux de mon aise,
La voila qui s'esueille auant que ie la baise,
Et n'executant pas ce que i'ay proposé
Ie n'auray que l'honneur d'auoir beaucoup osé.
SILVANIRE.
N'est-ce pas là Tirinte?
TIRINTE.
Oüy, belle Siluanire,
Tirinte qui pour vous incessamment soupire
Auec si peu de fruict.
SILVANIRE.
Si tu sçauois, Berger,
L'estrange vision que ie viens de songer,
Iamais de si mauuais ny de si tristes songes
Sommeil ne fut suiuy.
TIRINTE.
Ny de tant de mensonges.
SILVANIRE.
Quand ie t'auray conté ces mysteres confus
Tu seras estonné si iamais tu le fus.
TIRINTE.
De grace obligez-moy de cette courtoisie.

SILVANIRE.

De tant qui m'ont troublé l'ame & la fantaisie,
Il suffira pour moy que ie t'en rapporte vn
Le plus sombre de tous & le plus importun.
 N'aguere ayant treuué dans ce boscage sombre
La mollesse de l'herbe & la fraischeur de l'ombre,
Ie m'y suis arrestée, & fuyant le Soleil
Presque sans y penser i'ay treuué le sommeil:
Pour te le faire court, il m'a semblé, Tirinte,
Que nous estions tous deux au fonds d'vn labyrinte
Qui dedans ses erreurs & ses chemins perdus
Auec nos iugemens a nos pas confondus:
Ayant passé du iour la meilleure partie
A chercher les moyens d'vne heureuse sortie,
Nous treuuons vn sepulchre ombragé de Cyprés
Au bord d'vn bel estang qui dormoit tout auprés:
A l'aspect de cette eau qu'on eust consideree
Comme le seul plaisir d'vne bouche alterée,
Approche, m'as-tu dit, Siluanire, & vien voir
Celle qui sur Tirinte a le plus de pouuoir.
Là presque malgré moy iettant les yeux sur l'onde,
I'apperçois des objets les plus affreux du monde,
Quantité de serpens & d'enormes poissons
(De ce perfide estang monstrueux nourrissons)

Ont sauté hors des flots, & la gueule beante
M'ont soufflé le venin d'vne haleine puante:
Soudain le cœur me bat, i'ay des fremissements
Suiuis de maux de teste & de vomissements:
De l'esprit & du corps la souffrance inoüye
Me presse tant qu'en fin ie tombe esuanoüye:
Et quelque temps apres (mes sincopes passez)
Ie me treuue viuante au rang des trespassez:
Tu m'auois descendue au tombeau, de la sorte
Qu'on y descend le corps d'vne personne morte.
Voila ma vision.

TIRINTE.

    Estrange sur ma foy,
Et de qui le presage est seulement pour moy,
Puis qu'il faut renuerser ces visions obscures,
Et d'vn contraire sens expliquer leurs figures.
N'ayez peur, ie vay rendre en deux mots que voicy
Par mon propre malheur vostre songe esclaircy.

  L'amour que i'ay pour vous, que nul autre n'égale,
A proprement parler, n'est-ce pas vn Dedale?
Qui dedans ses erreurs, comme en quelque prison,
Retient ma liberté, mon âge & ma raison:
Cette eaü si reposée & si fort souhaittable
Est de vostre beauté l'image veritable,

LA SILVANIRE. 47

Et vos rigueurs en fin sont, à bien discourir,
Les monstres venimeux qui me feront mourir,
Comme desja ma fin n'est que trop apparente.

SILVANIRE.
Ton explication qui m'est indifferente
Ne m'oste pas l'ennuy que ce songe m'a fait.

TIRINTE.
Vostre mal est en songe, & le mien en effait.

SILVANIRE.
„ Tirinte c'est ainsi que le fardeau d'vn autre
„ Nous paroist volontiers plus leger que le nostre.

Ces vers ont double sens, ils sont dits pour Aglante,
& Tirinte les prend pour soy.

TIRINTE.
Ah! cruelle Bergere, auez-vous entrepris
De guerir ma blessure auecques son mespris,
Puisque vos cruautez me la rendent mortelle,
Vous qui me l'auez faite, au moins croyez la telle.

SILVANIRE.
Telle qu'il te plairra, mais de t'auoir blessé,
C'est à quoy seulement ie n'ay iamais pensé.

TIRINTE.
Non, car vous desdaignez d'y tourner la pensée,
Et c'est de quoy mon ame est le plus offensée.

Las! il ne faut que voir la grandeur de mes coups
Pour iuger aussi tost qu'ils sont venus de vous,
La cause de mon mal n'est que trop euidente.
        SILVANIRE.
Tu portes dans le sein vne fournaise ardente,
Si comme ton discours ton cœur est enflammé.
Mais de quoy te plains-tu?
        TIR. *De n'estre point aimé.*
        SILVANIRE
Puisque c'est là le poinct où ta plainte se fonde,
Arrache de ton cœur cette douleur profonde,
Tiens-toy le plus heureux des Bergers de Lignon,
Et croy que ton bonheur n'a point de compagnon.
        TIRINTE.
Adorable Beauté pour qui l'amour soupire,
Merueille de nos iours, que venez-vous de dire?
        SILVANIRE.
Que si Tirinte m'aime, on l'aime encore plus.
        TIRINTE.
O discours qui me rend de iugement perclus,
Plus, cela ne se peut. Mais, diuine Bergere,
Helas! n'estes-vous point à mon dam mensongere?
        SILVANIRE.
Puisque l'honnesteté me defend de iurer,

                            Les

LA SILVANIRE.

Les preuues dedans peu pourront t'en asseurer.

TIRINTE.

Arrestez donc le cours de ce torrent de ioye,
Où ma raison se perd & mon ame se noye.

SILVANIRE.

Elle dit ces deux vers tournée deuers les Spectateurs.

„ *Que l'ame d'vn Amant foible & molle qu'elle est*
„ *S'imagine aisément & croit ce qui luy plaist.*
   A combien de Bergers donnera de l'enuie
Le bonheur dont ie voy ta fortune suiuie,
Quand tu possederas ce tresor precieux
Qui pourroit contenter les plus ambitieux,
Fossinde, la douceur & la sagesse mesme.

TIRINTE.

Fossinde dites-vous?

SILVANIRE.

         Oüy Fossinde qui t'aime,
Et qui merite bien que tu l'aimes aussi.

TIRINTE.

Siluanire, pourquoy me traitez-vous ainsi?
Ie souffre assez de voir mon amour meprisée,
Sans que vous en fassiez vn sujet de risée:
„ *Où treuuez-vous qu'vn braue et genereux vain-*
„ *Afflige le vaincu d'vn langage moqueur?*   [queur

G

LA SILVANIRE.
SILVANIRE.
Foßinde la plus belle & la plus accomplie.
TIRINTE.
Brisons là, Siluanire, hé! ie vous en supplie,
Et pluſtoſt parlez moy des beautez de la mort.
SILVANIRE.
Voyez le deſdaigneux, & qu'on luy fait grand tort:
Si iamais elle croit ſa compagne fidelle
Elle fera de toy l'eſtat que tu fais d'elle.

SCENE III.
TIRINTE.

Va luy conseiller, mais tu n'en feras rien,
Tu ne me voudrois pas auoir fait tant de bien:
Va t'en va t'en ingrate, inhumaine Tygreſſe,
Qui te fais de ma peine vn ſujet d'allegreſſe:
Sourd & cruel Aſpic qui t'abreuues de pleurs,
Et caches ton venin ſous la beauté des fleurs:
Ie connois bien qu'en fin ie ſuis hors d'eſperance
De te vaincre iamais par la perſeuerance.
La Parque eſt maintenant mon vnique ſupport,

Et dedans le cercueil ie dois treuuer le port:
Ces monts qui s'esleuans au dessus des tempestes
Portent dedans les Cieux leurs orgueilleuses testes,
Et de qui la racine & les abysmes noirs
Font les bornes du monde, & des sombres manoirs,
Ouurent de tous costez assez de precipices
Qui bien tost me rendront toutes choses propices.

ACTE DEVXIESME.

SCENE IV.

ALCIRON.   TIRINTE.

ALCIRON.

Tirinte, c'est en vain que pour dissimuler
Tu crois cacher vn mal qui ne se peut celer;
Ie ne voy rien en toy qui ne me persuade
Que veritablement ton esprit est malade:
Tu n'aimes plus le ieu, tu perds ton embonpoint,
Tu fuis tous tes amis, tu ne conuerses point,
Et perdant chaque iour tes bonnes habitudes
Tu te laisses rauir à mille inquietudes:

G ij

Tes troupeaux que i'ay veu si gras, si florissans,
Sont les moindres de tous & les plus languissans,
On les voit sous le soin de la seule nature,
Et sur la foy d'vn chien errer à l'auanture:
En fin tes actions font assez presumer
Qu'vn si grand changement ne te vient que d'aimer:
Chacun n'y songe pas, mais moy qui te regarde
Côme vn autre moy mesme, il est vray, i'y prés garde,
Ie sçais ta maladie, & pour y bien pouruoir
Il ne m'en reste plus que la cause à sçauoir:
,, Plus on cache la peste & plus elle empoisonne,
,, L'amour deuient plus fort alors qu'on l'emprisonne.

TIRINTE.

O! combien auec moy t'est le Ciel obligé
Du grand soin que tu prens d'vn esprit affligé:
Alciron tu l'as dit, c'est l'Amour qui me mine,
Au lieu de la raison ce tyran me domine,
Mon ame est embrasée, & puisque tu le veux,
Les yeux de Siluanire en sont les boutefeux.
Voila, cher Alciron, la veritable source
D'où mes souspirs ont pris vne si longue course,
Et le digne sujet de mon affection.

ALCIRON.

Tu n'es point à blasmer en cette election,

Puisque le iugement est d'accord auec elle:
Car outre que la fille est extremement belle,
Vn extreme merite est ioint à sa beauté.
TIRINTE.
Si tu sçauois aussi quelle est sa cruauté,
Tu dirois que l'honneur d'estre sous son empire
Est de tous les destins le plus noble & le pire.
ALCIRON.
Sçait-elle assurément que tu brusles d'amour?
TIRINTE.
C'est ce qui luy doit estre aussi clair que le iour.
ALCIRON.
Elle en est donc touchée.
   TIR. *Aussi peu que cet arbre,*
Elle n'a point de cœur, ou c'est vn cœur de marbre,
Insensible à l'Amour.
    ALC. *Elle en pourroit auoir*
Que tu serois long temps à t'en apperceuoir.
„ La femme aime assez tost, mais tu sçais que la honte
Fait qu'à se descouurir elle n'est pas si promte,
Et puis ne pouuant rien pour ton soulagement,
Viuant comme elle vit elle fait sagement.
Theante la recherche, & l'on dit que Menandre
Dans trois ou quatre iours en doit faire son gendre.
G iij

TIRINTE.

Theante la recherche, & l'ingrate le veut?

ALCIRON.

Obeïr à son pere est tout ce qu'elle peut,
De sorte que par moy la raison te conseille
De prendre en cette perte vne douleur pareille
Qu'en la perte d'vn bien qu'on ne peut acquerir.

TIRINTE.

Ie sçauray bien treuuer le moyen de guerir:
,, Dans les sanglants assauts que le malheur nous liure
,, Quand l'esperance est morte il faut cesser de viure:
,, Et vray'ment il sied mal aux esprits genereux
,, De faire estat du iour quand ils sont malheureux.
Mesme afin de grauer dessus ma sepulture
Le discours de ma peine & de ma mort future,
Ie croy que tout exprés les Dieux ont pris le soin
De t'amener icy pour en estre tesmoin.

ALCIRON.

Pers ce dessein, Tirinte, & croy tout au contraire
Que le Ciel m'y conduit afin de t'en distraire:
,, Amour aime la vie, & iamais dans ton sein
Son flambeau n'alluma ce tragique dessein.

TIRINTE.

,, A qui manque l'espoir la mort est desirable,

Cher amy, plus i'attens plus ie suis miserable.
ALCIRON.
Attens encore vn peu, tu ne le seras plus,
,, L'Amour comme la Mer a son flus & reflus:
Voy-tu, ie voudrois bien que ton ame guerie
N'eust plus de passion ny de forcenerie,
Mais puisque ton courage est si fort endormy
Ie ne laisseray pas de t'aider en amy,
Pourueu tant seulement que Tirinte me croye
Il sçaura ce que vaut vne parfaite ioye:
Ie te iure, Berger, de te la mettre en main.
TIRINTE.
Qui?
ALCIRON.
Qui ta Siluanire, auant qu'il soit demain.
TIRINTE.
De me la mettre en main?
ALCIRON.
Ie dis en ta puissance,
Pour passer si tu veux iusqu'à la iouyssance.
TIRINTE.
Songe songe, Alciron, à ce que tu promets.
ALCIRON.
Si ie n'en viens à bout ne m'estime iamais,

LA SILVANIRE.

Pourueu de ton costé que tu me veüiles croire,
Vsant bien à propos du fruict de ta victoire.

TIRINTE.

O! non plus mon amy, mais plustost mon sauueur,
Si tu peux m'obliger d'vne telle faueur.

ALCIRON.

Ie ne t'ay rien promis qu'en effect ie ne fasse.

TIRINTE.

Mais comment reconnoistre vne si grande grace?

ALCIRON.

En ta seule amitié i'ay mis tout mon loyer,
Trop heureux que pour toy ie me puisse employer.

ACTE DEVXIESME.

SCENE V.

FOSSINDE. SILVANIRE.

FOSSINDE.

Las! ie me doutois bien que cette ame hautaine
Rendroit vostre entremise & ma poursuite
vaine.

C'est

LA SILVANIRE.

SILVANIRE.

C'est le plus fier Berger & le plus inhumain
Qui possible eut iamais la houlette en la main:
I'ay reconnu l'excés de son impertinence
Bien moins dans son discours que dans sa contenance:
Quand ie vous ay nommée vn sousris mesprisant
A fait voir clairement son orgueil suffisant:
Ie vous iure, ma sœur, que i'en estois honteuse,
Et ne presumez pas que ie vous sois menteuse,
Vous le reconnoistrez.

FOSSINDE.

     Ah! vray'ment ie vous croy.
Mais, ô Dieux! chere sœur, que direz vous de moy,
De moy pauurette, helas! qui vous ay racontée
Une amour qu'à bon droit vous croirez effrontée!
Siluanire, sur tout que cet aueuglement
Ne cause point en vous de refroidissement:
Croyez que ie mourray s'il faut que ma folie
Lasche ou rompe le nœud de l'amour qui nous lie:
Plaignez vostre Fossinde, & l'aimez s'il vous plaist,
Toute desesperée & peu sage qu'elle est.
Ainsi tousiours le Ciel prenne vostre conduite,
Et vous sauue des maux où ie me vois reduite.
Ah! cruel, ah! cruel.

         H

SILVANIRE.

Moderez vostre ennuy,
Il ne merite pas que vous songiez à luy,
Cet ingrat arrogant, dont le mespris superbe
Auec vostre vertu vous met plus bas que l'herbe.
„ Qui refuse vn merite où la beauté se ioint,
„ Par ce mesme refus monstre qu'il n'en a point,
„ Si ce n'est qu'autrepart sa franchise asseruie
„ De toute autre amitié luy fit perdre l'enuie.
Pour voir vostre repos seurement restably
Seruez-vous du desdain, ou du moins de l'oubly,
Si vous ne voulez estre ainsi qu'vn Prometée
Sur vn mesme rocher iour & nuict arrestée.
Si l'amour comme à vous m'auoit le cœur espris,
Ie pourrois tout souffrir excepté le mespris.
Mais qui me ietteroit vne pareille foudre,
Ie n'aurois point de fers qu'elle ne mist en poudre.

FOSSINDE.

C'est par là que mon mal pourroit estre domté,
„ Mais qui n'a plus de cœur n'a plus de volonté.

LE CHOEVR.

De tant de fleurs dont se compose
La couronne d'vne Beauté,
Il est vray que l'honnesteté
En fournit la plus belle rose:
Mais Dieux! qu'il faut endurer
A celle qui s'en veut parer.

Quelles douleurs de corps & d'ame
Ne cedent pas auec raison
Aux douleurs sans comparaison
Que souffre l'esprit d'vne fâme
A qui l'honneur fait cacher
Le brasier qui la fait seicher?

Eole, ceux que tu gouuernes,
Les vents tousiours impetueux,
Sont beaucoup moins tumultueux
Dans la prison de tes cauernes,
Qu'Amour ne l'est dans son cœur
Qu'il traite en superbe vainqueur.

Il est imperieux & braue,
Toute contrainte luy déplaist,
Et de libre & maistre qu'il est
Ne veut point deuenir esclaue,
Il se transforme en tison,
Et met en cendre sa prison.

Aglante, seulement à plaindre
Pour ne sçauoir pas ton bonheur,
Si tu voyois comme l'honneur
Oblige Siluanire à feindre,
Et la contraint de brûler,
De se taire & dissimuler.

Je m'assure, ô Berger fidelle,
Qu'à l'aspect de tant d'amitié
Elle auroit de toy la pitié,
Et les larmes que tu veux d'elle:
Mais le temps n'est pas venu
Que ce secret te soit connu.

ARGVMENT
Du Troisiesme Acte.

Ylas vient rendre compte de sa commission à Aglante, & selon son humeur le raille sur le peu d'estat que Siluanire a fait de son amitié. Sur ce discours elle arriue auec Fossinde. Hylas conseille à son amy de luy parler luy-mesme : ce qu'il fait, mais en apparence auec si peu de fruict, qu'il se separe d'elle comme desesperé. Hylas le suit. Quelque temps apres Tirinte presente son miroir à Siluanire : D'où s'ensuiuent les merueilleux effects des deux derniers Actes.

ACTE TROISIESME.

SCENE PREMIERE.

HYLAS.   AGLANTE.

HYLAS.

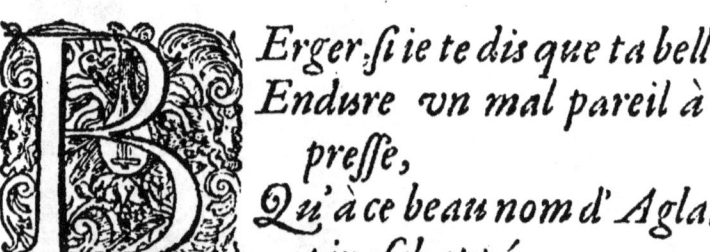Erger, si ie te dis que ta belle Maistresse
Endure vn mal pareil à celuy qui te
  presse,
Qu'à ce beau nom d'Aglante vn sous-
  pir eschappé
A monstré que son cœur est viuement frappé,
Et mesme que desia ses beaux yeux tous humides
Estoient prests à lascher quelques perles liquides,
Sans que sa belle main y portant le mouchoir
Assez couuertement les empeschoit de choir.

LA SILVANIRE.
AGLANTE.
Ah! fortuné Berger, ô! l'heureuse nouuelle.
HYLAS.
Voyez comme l'amour luy trouble la ceruelle.
En fin si ie te dis que i'ay de ses cheueux,
Qu'elle mesme t'enuoye, as-tu ce que tu veux?
AGLANTE.
Où sont-ils ces cheueux?
HYLAS.
O grands Dieux! qu'il est aisé.
AGLANTE.
Monstre, monstre les moy, donne que ie les baise,
Tous complices qu'ils sont des peines que ie sens.
HYLAS.
Es-tu fol pauure Aglante? as-tu perdu le sens?
,, Vray'ment tu mõstres bien qu'on n'a pas tort de dire
,, Que l'on croit aisément les choses qu'on desire.
AGLANTE.
O! le cruel amy.
HYLAS.
Patience, Berger,
,, On est souuent trompé quand on croit de leger:
Ce que ie te vay dire est chose veritable,
Et ce que ie t'ay dit n'est qu'vne pure fable.

Il

Il est vray que i'ay veu celle dont les beaux yeux
Sont à ce que tu dis tes soleils & tes Dieux,
I'ay fait ce qu'en effect il falloit que ie fisse
Pour te rendre en amy ce charitable office,
Iamais homme ne fut en discours si fœcond
Pour flechir vn orgueil qui n'a point de second.
,, *Mais comme en plein hyuer vne superbe roche,*
,, *Espouuantable objet du Nocher qui l'approche,*
,, *En se moquant des flots qui pensent l'esbranler,*
,, *Les reiette bien loing & les fait reculer:*
Telle & plus orgueilleuse elle a mis en arriere
Et ton affection & ma longue priere.

AGLANTE.

O! mort, que tardes-tu de me venir querir?
N'esperons plus en vain, Aglante, il faut mourir:
Les maux sous qui desia ta constance succombe
En despit du destin finiront sous la tombe:
Heureux si sur tes os elle iette des fleurs,
N'osant pas esperer qu'elle y verse des pleurs.

HYLAS.

,, *Quand on presse le Ciel d'vn trespas ridicule*
,, *Au lieu de l'auancer souuent il le recule:*
,, *Cette mort qu'apres tout on ne peut euiter*
,, *Ne viendra que trop tost sans l'en solliciter.*

I

,, *Laissons peser aux Dieux de nostre heure supresme.*
Mais voicy ta cruelle, aborde la toy-mesme.
Parle-luy hardiment, peut-estre qu'à te voir
L'amour ou la pitié la pourront esmouuoir.

ACTE TROISIESME.

SCENE II.
SILVANIRE. FOSSINDE. AGLANTE.
HYLAS.

SILVANIRE.

Vyons fuyons, ma sœur, fuyons nous en de grace.

FOSSINDE.
Et pourquoy fuyrõs-nous, puisque rien ne nous chasse?
Aglante à mon aduis n'est pas si dangereux.

AGLANTE.
Ah! Fossinde, elle craint l'abord d'vn malheureux,
Comparable au voleur qui fuit d'vn pied timide
La rencontre du corps dont il fut l'homicide,
Non non, ne craignez pas qu'en mon dernier effort

Ie me vange sur vous qui me donnez la mort.
Les traits que i'ay dans l'ame ont tous des caracteres
Tels qu'il faut que vos yeux en soient les sagitaires.
C'est par eux que ie meurs, les Dieux en soient loüez,
Mon sort est assez beau si vous les auoüez.
Mais pourquoy me cacher ces puissantes planettes,
D'où pleuuent tant de feux & de flames si nettes?
Tournez les deuers moy, que ie les voye vn peu,
Ces soleils que i'adore & qui m'ont mis en feu.
Pourquoy me fuyez-vous? moy qui toute ma vie
Du cœur & du penser vous ay tousiours suiuie?
Pour desplaire à vos yeux que puis-ie auoir commis?
Ou que n'ay-ie point fait pour me les rendre amis?
A bien m'examiner mesme dés mon enfance,
Ay-ie dit, ay-ie fait chose qui vous offence?
Au temps que mon amour estoit encore nain
Vous l'aidiez à marcher, vous luy donniez la main,
Et dés qu'il fut Geant vous luy fistes la guerre,
Comme fit Iupiter aux enfans de la terre:
Mais ceux-là, Siluanire, estoient presomptueux,
Où le mien est tout sage & tout respectueux.
Malheureux que ie suis ie presche vne statuë,
Vne idole de marbre en Bergere vestuë.

I ij

FOSSINDE.

Aglante sur mon ame est digne de pitié,
Vray'ment il aime bien.

HYLAS.

Trop trop de la moitié,
Et de là vient aussi que l'ingrate en abuse.

AGLANTE.

Vostre rigueur, Bergere, est donc cette Meduse,
Qui pour moy Siluanire en rocher transformant,
La rend sourde & muette aux plaintes d'vn Amant.

SILVANIRE.

L'honneur, non la rigueur me rend sourde & muette
Aux persuasions d'vne amour indiscrette,
Qui met le plus souuent en nostre deshonneur
Sa plus riche conqueste & son plus grand bonheur.

AGLANTE.

Je iure par Hesus, par le flambeau celeste,
Par la terre, le Ciel, & l'Amour que i'atteste,
Bref par tous les serments que peut faire vn mortel,
Sur le plus adorable & le plus sainct autel,
Que ie brusle pour vous d'vne flame aussi pure
Que le feu pourroit estre au lieu de sa nature.
L'amour que ie vous porte a trop de netteté
Pour laisser quelque tache à vostre honnesteté.

SILVANIRE.

Dy ce que tu voudras, l'amitié la plus sainēte
Me peut sauuer du mal, & non pas de la crainte.
„ L'honneur est vn miroir si fragile & si cher,
„ Que le moindre soupçon ne le doit pas toucher.

HYLAS.

„ Bergeres, cet honneur est vn demon nuisible,
„ De visibles ennuis artisan inuisible,
„ Vn tyran de vostre âge ennemy des plaisirs,
„ Que l'Amour comme fruicts presente à vos desirs.
„ C'est vne inuention de vos meres rusées,
„ Qui seiches comme cendre, & de vieillesse vsées,
„ Par ces noms enchanteurs d'Honneur & de Vertu,
„ Vous defendent vn bien qu'elles mesmes ont eu,
„ Quãd plus fines que vous elles l'ont sceu connoistre.

FOSSINDE.

En fin tousiours Hylas Hylas se fait paroistre.

SILVANIRE.

Je veux que cet honneur que tu n'approuues pas
Soit de mes actions la reigle & le compas:
„ Et si c'est vne erreur dont nostre sexe abonde
„ Ie veux suiure l'erreur de la moitié du monde.

ALCIRON.

Non non, plustost mourir que iamais offencer

Ny voir qu'on offençast vostre chaste penser:
Mais le Ciel qui vous fit l'objet de sa largesse
Vous a voulu donner cette rare sagesse
Afin d'en assister vostre rare beauté,
Et non pour la confondre auec la cruauté:
Parestre inexorable à ma iuste demande,
N'est pas vne action que l'honneur vous commande.

SILVANIRE.

N'importe, la franchise est vn bien si parfait,
Que ie hay de l'amour & le nom & l'effait.

FOSSINDE.

Combien de cœurs hautains ont tombé sous des fléches
Qui tous percez de coups & tout remplis de bréches,
Monstrent qu'on ne peut rien côtre vn Dieu qui peut
SILVANIRE. [tout.

J'apprendray par leur cheute à me tenir debout,
Et contre ce tyran me seruant de la fuite,
Ie tromperay tousiours son aueugle poursuite:
Quelque rigueur en fin dont on m'aille blâmant,
Autre que mon mary ne sera mon amant.

AGLANTE.

O l'iniustice! ô Dieux, l'ingratitude insigne!
O! de tant de trauaux la recompense indigne!
Donc vn autre viendra des Astres bien aimé

LA SILVANIRE.

Qui prendra la moisson du fruict que i'ay semé,
Un autre sera donc de ma foy non commune
Un sujet de triomphe à sa bonne fortune.
O Ciel! si tu ne veux qu'auec impunité
Regne l'ingratitude & l'inhumanité,
Accorde à ma douleur cette vaine allegeance,
Qu'vn esprit offencé tire de la vangeance:
Mais pour tout chastiment i'entends que me vanger
Soit luy toucher le cœur & la faire changer.

HYLAS.

Le desespoir l'emporte. O Bergere insensible,
Voila ce que luy vaut sa constance inuincible.
Mais si ie ne le suy, son esprit esgaré
Pourroit bien hazarder vn coup desesperé.

SILVANIRE.

,, Las, que i'espreuue bien qu'il n'est point de martyre
,, Comme de bien aimer, & de ne l'oser dire.
Mais Dieux, voicy mon pere, il faut dissimuler,
Maintenant qu'il me voit ie ne puis reculer.

LA SILVANIRE.

ACTE TROISIESME.

SCENE III.

MENANDRE. LERICE. SILVANIRE.
FOSSINDE.

MENANDRE.

ENfin, Lerice, en fin voicy noſtre coureuſe,
Nous auons bien gaigné cette rencontre heu-
reuſe
Depuis vn ſi long temps que nous nous promenons.

LERICE.
Encore eſt-ce beaucoup de quoy nous la tenons.

MENANDRE.
Siluanire, en quel lieu vous eſtiez-vous cachée,
Que depuis le matin nous vous auons cherchée?

SILVANIRE.
Mon pere, demandez à ma ſœur que voicy,
Elle & moy n'eſtions pas à mille pas d'icy,
Dans ce val où par fois nous allons à la chaſſe.

Non

LA SILVANIRE.
FOSSINDE.
Non veritablement.
MENANDRE.
Or sus, pour cela passe,
Nous approuuons assez que vous passiez le temps,
Pourueu que d'autre part vous nous rediez contents,
Siluanire ma fille & mon dernier appuy,
Sçache que tu peux faire vn miracle aujourd'huy,
Que tu peux rajeunir cette face ridée
Sans recourir aux arts où recourut Medée,
Agreant pour espoux vn Pasteur qu'à loisir
Entre les plus parfaits ie t'ay voulu choisir,
C'est le gentil Theante, à qui tombe en partage
Maint troupeau florissant & maint riche heritage :
Il t'aime, & te recherche afin de t'espouser :
Ce n'est pas vn party qu'il faille refuser.
Mais à ces yeux baissez & ce morne silence
On diroit que ton ame endure violence?
LERICE.
Quand ton pere te parle il te seroit bien mieux
De n'estre pas muette & de leuer tes yeux.
SILVANIRE.
La nature & l'amour qu'à tous deux ie vous porte
Ne me permettent pas de faire d'autre sorte,

K

Sçachant que me liurer au pouuoir d'vn espoux
C'est me mettre en seruage & m'esloigner de vous.
FOSSINDE.
Elle a raison, Hymen est vn Dieu tyrannique.
MENAND.
Oste toy de l'esprit cette terreur panique,
Croy que ta mere & moy t'aimons trop cherement
Pour consentir iamais à ton esloignement.
LERICE.
Non non, mon cher enfant, tiens pour chose asseurée
Que tu n'en seras point pour cela separée,
Quand la mort qui desia nous presse les talons
Voudra couper le fil de nos iours assez longs,
C'est toy qui fermeras nos pesantes paupieres,
Et qui diras sur nous les paroles dernieres.
Ma fille, à cela prés ne vas plus differant
Nostre contentement & ton bien apparent.
SILVANIRE.
Pour vous plaire à tous deux il n'est point de tempeste
A qui tres-volontiers ie n'expose ma teste:
Mais ce que vous voulez de mon iuste deuoir,
S'il est en mon desir n'est pas en mon pouuoir.
MENAND.
Pourquoy? SIL. Vous sçauez bien le peu de simpatie

LA SILVANIRE.

Qu'ont les ieux de Venus auec ceux de Cintie.
MENAND.
Qu'en est-il pour cela?
SIL. C'est qu'vn vœu solennel
M'oblige de luy rendre vn seruice eternel:
De façon que suiuant le beau feu qui me guide
Ie seray s'il vous plaist ou Vestale ou Druide:
Ou si mieux vous l'aimez ie suiuray dans les bois
(Comme assez d'autres font) la rigueur de ses loix.
MENAND.
Tu suiuras neantmoins nonobstant toute chose
Celles que par ma main la nature t'impose.
O! belle inuention que de faire des vœux,
Pour ne pas obeyr aux choses que ie veux:
Diane a grand besoin d'vne telle suiuante.
SILVANIRE.
Ie me contenteray si ie suis sa seruante.
MENAND.
Tu me contenteras ou de force ou de gré,
Esprouuant mon pouuoir iusqu'au dernier degré.
FOSSINDE.
Voudrois-tu l'arracher des autels de Diane,
Pour la prostituer aux tresors d'vn prophane?

K ij

MENAND.

Fossinde, assure toy que ie suis assez fin
Pour voir de son dessein le principe & la fin,
Tu veux couurir d'vn coup du voile de Druide
Ta desobeïssance, & me tenir en bride:
Ie lis dedans ton cœur.

SIL.   Pleust à Dieu.

MEN.   Le projet
Que ton petit esprit forme sur ce sujet:
Tu penses reculer, ou rompre cette affaire,
Mais tu l'espouseras, quoy que tu puisses faire,
Et si tu l'aimeras.

FOSSINDE.

,, Il n'est force ne loy
,, Qui puisse faire aimer vn esprit malgré soy:
,, La volonté qui fait & l'amour & la haine
,, Ne se laisse forcer qu'à l'objet qui l'entraine.

MENANDRE.

Que de moralité: qui t'en a tant appris?
Voyez vn peu l'orgueil de ces ieunes esprits:
Voila desia du fruict des leçons de Siluandre,
Ce causeur tous les iours leur en conte à reuendre.
Apres tout, ie le veux, il y faut consentir:
Vien ça que ie te voye.

LER. *Elle vient de partir.*
MENAND.
O! ieuneſſe eſtourdie, indiſcrete & peu ſage.
Qui de tes propres maux fais ton apprentiſſage.

ACTE TROISIESME.

SCENE IV.

MENANDRE. LERICE. FOSSINDE.

MENAND.

Dieux! faut-il que ie viue en cet âge maudit
Où plus que la vertu le vice eſt en credit,
Où les ieunes cerueaux comme par gentilleſſe
Meſpriſent les aduis de la ſage vieilleſſe?
Dans cet aueuglement ſe faut-il esbahir
Si l'enfant aux parens ne veut plus obeïr?
Lerice qu'en dis-tu?

LERICE.
Ie ne ſuis plus pour elle.
MENAND.
Ne me la ſouſtiens plus, ou nous aurons querelle.

LERICE.

Elle m'a bien trompée, & n'aurois iamais creu
Son mauuais naturel, si ie ne l'eusse veu.

FOSSINDE.

Ie croy tout au rebours, que Menandre & Lerice
Sont plus blasmables qu'elle auec leur auarice:
Pour refuser Theante en est-elle à blâmer?
Prendroit-elle vn mary qu'elle ne peust aimer?
„ *La contraindre à cela c'est ioindre bouche à bouche*
„ *Les viuants & les morts dans vne mesme couche;*
Supplice dont se sert la plus-part des parens
Quand pour nostre malheur ils deuiennent tyrans.

MENANDRE.

Et si ton pere Alcas se choisissoit vn gendre?

FOSSINDE.

Et si mon pere Alcas estoit comme Menandre?

MENANDRE.

Tu veux donc toute seule eslire ton mary.

FOSSINDE.

Mon pere asseurément n'en sera pas marry.

MENANDRE.

Ie ne sçay, mais au moins le deuroit-il bien estre,
S'il connoissoit ton mieux comme il le doit connêstre.

FOSSINDE.

Tel aussi luy plairroit qui ne me plairroit pas.
„ Qui mãge au goust d'autruy fait de mauuais repas.

LERICE.

Comme le faudroit-il pour estre à ton vsage?

FOSSINDE.

Comme? bien fait d'esprit de corps & de visage.

MENANDRE.

Tel est qui que ce soit auec beaucoup de bien.

FOSSINDE.

C'est vostre sentiment, & ce n'est pas le mien,
Dans son contentement on treuue sa richesse.

MENAND.

O! filles sans raison, imprudente ieunesse,
Lors que pour vos espoux vous prenez ces beaux fils,
Ce ne sont que baisers en delices confits:
Mais si la pauureté se met de la partie,
La plus aspre Venus est bien tost amortie:
Vostre Printemps s'enfuit, les passetemps s'en vont,
Et de tant de plaisirs les chaisnes se défont,
Tant qu'Amour bien souuent abandonne Hymenée,
Triste, & noyant de pleurs sa couche infortunée.

ACTE TROISIESME.

SCENE V.
TIRINTE. ALCIRON.

TIRINTE.

Ve contre les touements dont ie suis martyré
Ie treuue en ce miroir vn remede asseuré,
C'est chose à ma raison difficile à cōprendre,
Et rien horsmis l'effect ne me la peut apprendre.
ALCIRON.
Incredule Berger, n'es-tu pas satisfait
Si ta belle est à toy?
   TIR. Ie le suis en effait.
ALCIRON.
Attens donc en repos & plein de confiance
L'effect de ce miroir d'estrange experience,
Pour peu que Siluanire y puisse regarder,
N'en espere pas moins que de la posseder.
Sur tout empesche bien qu'vn autre n'y regarde,
Que si tu l'auois fait toy-mesme par mesgarde,

Ne sois pas negligent à me venir treuuer
Pour empescher le mal qui pourroit arriuer:
Bref casse le plustost qu'il soit veu de personne
Horsmis de la Beauté pour qui ie te le donne:
I'aime mieux m'en priuer quoy qu'il vaille beaucoup,
Que ne m'en priuer pas & manquer nostre coup.
En fin tout ira bien pourueu que tu me croyes:
Mais ne t'estonne point pour chose que tu voyes.

TIRINTE.

Comme Atlas sous les Cieux, dont il porte le faix,
Ie tombe sous celuy des biens que tu me fais.

SCENE VI.

TIRINTE tenant le Miroir.

Merueille d'Amour! dont mõ ame est rauie:
Ie porte dans mes mains la rãçon de ma vie,
Toutes les rarêtez que la Grece nous vend
Tout l'or que l'Auarice a tiré du Leuant,
Tous les Sceptres en fin des Maistres de la terre,
Ne me sont pas si chers que ce Miroir de verre,
Puisque par son moyen ie m'acquiers vn tresor
L

Qui vaut plus mille fois que la perle & que l'or.
Mais, ô! fragile espoir, & le plus vain du monde,
,, Qui sur vn peu de glace & de verre se fonde:
,, L'apparẽce qu'Amour, Amour qui n'est qu'ardeur,
,, Viue dans cette glace où regne la froideur?
,, Et que la glace mesme agisse sur la glace,
,, Si iamais son semblable vn semblable ne chasse?
Mais ce raisonnement trop long de la moitié
Offence à mesme temps l'Amour & l'Amitié,
L'Amitié s'en offence en Alciron qui m'aime,
Et l'Amour en Amour, dont le pouuoir extreme
Nous defend d'enquerir & de philosopher
Sur les diuers moyens qu'il a de triompher.
Iadis des Elements la masse confonduë,
Et la Nature mesme en soy-mesme perduë,
C'est luy qui la sauua de cet aueuglement,
Et qui fonda la paix entre chaque Element.
Que s'il a sceu tirer la clarté des tenebres,
Et faire tant d'exploits au monde si celebres,
Ie pense qu'il peut tout, & que pour luy c'est peu
Que d'enflamer la glace & de glacer le feu.

LA SILVANIRE.

ACTE TROISIESME.

SCENE VII.

SILVANIRE. FOSSINDE. TIRINTE.

SILVANIRE.

Ve ie suis malheureuse, en quelque part que
  i'aille
Tousiours quelque importun me suit & me
  trauaille:
Dieux! que puis-ie auoir fait dont le ressentiment
Vous porte à me punir d'vn si grief chastiment?

FOSSINDE.

Helas! vous nommez là chastiment & supplice
Ce que d'autres, ma sœur, appelleroient delice.
Sus, toute honte à part, essayons aujourd'huy
De le rendre sensible au mal que i'ay pour luy.

Donc, ô Berger impitoyable,
Ma ferme & constante amitié
Ne te rendra iamais ployable
Aux tardifs mouuements d'vne iuste pitié?

L iij

TIRINTE à FOSSINDE.

Donc, ô Bergere impitoyabe,
Ma ferme & constante amitié
Ne te rendra iamais ployable
Aux tardifs mouuements d'vne iuste pitié?

SILVANIRE.

Tu veux vne chose impossible
Quand tu veux mon cœur captiuer,
C'est vn rocher inaccessible,
Où ton affection ne sçauroit arriuer.

TIRINTE à FOSSINDE.

Tu veux vne chose impossible
Quand tu veux mon cœur captiuer,
C'est vn rocher inaccessible,
Où ton affection ne sçauroit arriuer.

FOSSINDE.

Ainsi tant de larmes versées,
Tant de vœux & tant de langueurs,
Au lieu d'estre recompensées
Seruiront de triomphe à tes fieres rigueurs.

TIRINTE à FOSSINDE.

Ainsi tant de larmes versées,
Tant de vœux & tant de langueurs,
Au lieu d'estre recompensées,
Seruiront de triomphe à tes fieres rigueurs.

SILVANIRE.

En fin que veux-tu que i'y fasse,
Si le destin veut t'affliger
De cette amoureuse disgrace,
Est-il en mon pouuoir de le faire changer?

TIRINTE à FOSSINDE.

En fin que veux-tu que i'y fasse,
Si le destin veut t'affliger
De cette amoureuse disgrace,
Est-il en mon pouuoir de le faire changer?

FOSSINDE.

O! malheureuse Amante.

TIRINTE.

Il faut se consoler:
Mais c'est à Siluanire à qui ie dois parler.

Puisque par mõ malheur, dõt seul ie me dois plaindre,
Vostre grace est vn bien où ie ne puis atteindre,
Au moins pour tout loyer n'allez pas refusant
Ce fidelle Miroir dont ie vous fais present:
Vous y remarquerez en vostre propre image
L'inhumaine Deesse à qui ie rends hommage.
Quoy, vous le refusez?

SIL. *Ie fay difficulté*

De rien prendre de toy sans l'auoir consulté :
,, Les dons des ennemis sont suspects de surprise.
TIRINTE.
,, C'est que l'œil n'aime pas ce que le cœur mesprise.
SILVANIRE.
Ie le fay par raison plustost que par mespris :
,, Les dons sont des trõpeurs, qui les prend en est pris :
Mais pour te contenter ie m'accorde à le prendre,
Pourueu que puis apres ie te le puisse rendre,
Car mon intention n'est pas de le garder.
TIRINTE.
Prenez-le seulement pour vous y regarder.
O! miroir bien-heureux, puisque dans toy se mire
Le soleil des Beautez où la vertu s'admire.
Demon clair & luisant monstre ce que tu peux,
Faisant agir ta glace en faueur de mes feux,
Tant qu'Amour surmontant cette fiere ennemie,
Rende mon esperance & sa gloire affermie.
SILVANIRE.
Il a les qualitez d'vn veritable Amant,
Car outre qu'il est net & beau parfaitement,
Il est encor doüé d'vne bonté fidelle,
Que son maistre ie croy.
TIR. N'acheuez pas cruelle.

LA SILVANIRE.
SILVANIRE.
Mais d'où me peut venir cet estourdissement?
Ie me sens toute esmeuë.
TIRINTE.
O! bon commencement,
Ce merueilleux miroir visiblement opere.
Acheue acheue, Amour, ce miracle prospere.
FOSSINDE.
Peut-estre qu'à mon tour ie le pourray toucher.
TIRINTE.
Ie le romprois plustost, & me fust-il plus cher.
FOSSINDE.
Ie le verray pourtant auant que tu le rompes,
Romps-le apres si tu veux.
TIRINTE.
C'est en quoy tu te trompes.
SILVANIRE.
Berger prends ton miroir, ie suis si hors de moy,
Que ie ne connoy pas les choses que ie voy.
FOSSINDE.
Au moins que son refus, si ce n'est mon merite,
Me le face obtenir.
TIR. Ta priere m'irrite,
Brisé piece par piece, & morceau par morceau,

Pesche-le si tu peux au fonds de ce ruisseau,
Il t'en faut des miroirs, & de Tirinte encore.
FOSSINDE.
Va vainqueur insolent, va tygre à qui t'adore,
Et pour qui te mesprise homme non seulement,
Mais homme auec les yeux & le cœur d'vn Amant.
,, Bien monstrons-nous tous deux flatans qui nous
    outrage,
,, Qu'Amour auec le cœur nous oste le courage.

LE CHOEVR.

Ne nous estonnons pas de voir si peu battu
Le penible sentier qui meine à la vertu,
En cet âge ignorant où l'auarice abonde:
  Mais plus raisonnablement
  Estonnons-nous doublement
De voir qu'vn vertueux se treuue encore au monde.

Les

Les ignobles presents que nous fait le Leuant
Remplissent de richesse & d'honneur bien souuent
Les coffres, & les iours de leur amant auare,
  Où la vertu pour tout fruit
  Ne rapporte à qui la suit,
Que le plaisir de suiure vne Beauté si rare.

Ce meuble precieux, ce veritable bien,
Sans l'autre perd sa grace, & n'est compté pour rien :
Soyons des Apollons, ou soyons des Hercules,
  Et plus encor s'il se peut,
  Si la fortune le veut,
Auec tous nos lauriers nous serons ridicules.

Certes si la valeur du plus riche tresor
Gist en la rareté de la perle ou de l'or,
Excrements de la terre, & des flots de Neptune,
  D'où vient que seule à mespris
  La vertu n'a point de prix,
Elle qui don du Ciel est beaucoup moins commune?

Que sert à ce Berger d'en estre reuestu,
Puisque la pauureté qui le tient abbatu
L'empesche d'obtenir la palme qu'il demande?
  O! siecle iniuste & maudit,
  Non de fer comme l'on dit,
Mais vray'ment siecle d'or, puisque l'or y commande.

Esperons toutesfois que d'vn change apparent
Amour en sa faueur Amour se declarant,
Comme il est tout-puissant, brisera tout obstacle,
  Le terme est court, mais sa main
  Peut du soir au lendemain
Pour vn moindre sujet faire vn plus grand miracle.

ARGVMENT
Du Quatriesme Acte.

AGlante, Hylas, & Tirinte apprennent tous ensemble la soudaine & mortelle maladie de Siluanire. Tirinte s'imagine aussi tost que c'est vn effect du miroir d'Alciron, & s'en va le chercher à dessein de s'en vanger. Menandre & Lerice meinent leur fille au Temple voisin d'Esculape, pour luy rendre grace de la santé qu'elle sembloit auoir recouurée: Ils rencontrent sur leur chemin Aglante esuanoüy entre les bras d'Hylas: Siluanire touchée d'vn si pitoyable spectacle, le fait reuenir au seul accent de sa voix. Son mal se redouble, & comme elle se croit proche de la mort, elle demande à ses pere & mere de pouuoir mourir femme d'Aglante: ce que l'vn & l'autre luy accordent.

ACTE QVATRIESME.

SCENE PREMIERE.

LE MESSAGER. AGLANTE. HYLAS.
TIRINTE.

LE MESSAGER.

Velle douleur, ô Dieux! quelle cõpaßion,
O tragique auanture, ô dure affliction,
Quel crime auons-nous fait, que le Ciel
    se dispose
De rauir à la terre vne si belle chose?

AGLANTE.
Sçachons d'où peut venir cette dolente voix.

MESSAGER.
Compagnes de Diane, hostesses de ces bois,
Accourez à son ayde auec quelque racine

M iij

Qui rompe la fureur du mal qui l'aſſaſſine.
Voir le pere & la mere affligez, comme ils ſont,
Faire les actions & les regrets qu'ils font,
Et cette pauure fille entre leurs bras couchée,
Quelle ame de pitié n'en ſeroit pas touchée?
Eſprits infortunez que tous trois ie vous plains.
AGLANTE.
O! Deſtins, deſtournez le malheur que ie crains.
Hylas demande luy le ſujet de ſa plainte.
TIRINTE.
Ie ſens mon cœur glacé d'vne mortelle crainte.
HYLAS.
Berger pourquoy ces cris de ta bouche eſpandus,
Que du prochain buiſſon nous auons entendus?
MESSAGER.
Quand pour me lamenter i'aurois autant de bouches
Que nos prez ont de fleurs & nos bois ont de ſouches,
Mes plaintes ne pourroient ma diſgrace eſgaler,
Ou la noſtre à nous tous, afin de mieux parler,
Puiſque d'vne Bergere en merueilles vnique
La perte irreparable à tous ſe communique.
Siluanire n'eſt plus.
AGL. HYL. TIR. *Que nous dis-tu, grands Dieux?*

LA SILVANIRE.

MESSAGER.
Ce que ie viens de voir auec ces tristes yeux.
AGLANTE.
O! mort trop inhumaine et trop precipitée.
MESSAGER.
Elle viuoit encor lors que ie l'ay quitée,
Mais ie croy fermement que depuis mon depart
Aux droicts de la lumiere elle n'a plus de part,
Car desia du trespas les noirs & tristes voiles
Aueugloient ses beaux yeux, immobiles estoiles,
Et desia de son teint les roses & les lis
Dans l'hyuer de la mort estoient enseuelis,
Le seul panthelement de sa gorge mouuante
Monstroit que la pauurette estoit encor viuante.
TIRINTE.
Et ne connoit-on point d'où ce mal est venu?
MESSAGER.
Personne assurément ne croit l'auoir connu,
Non que dans le hameau tout le monde ne die
Qu'il entre du poison dedans sa maladie.
AGLANTE.
O! miserable Aglante, es-tu lasche en effect,
Ou si trop de douleur insensible te fait?
Qu'attens-tu que la mort, puis qu'elle t'a rauie

LA SILVANIRE.

Celle qui seule au monde entretenoit ta vie?
MESSAGER.
Secourez-le, Bergers, il tombe esuanoüy.
O! de grande amitié tesmoignage inoüy:
Il aimoit Siluanire, & veut encor la suiure
Dans ce fatal Empire où le corps ne peut viure:
Faut-il en vn si beau, mais si funeste iour,
Que la mort dans nos champs triomphe de l'Amour?
Ne l'abandonnez pas pendant que d'vne course
Ie vay puiser de l'eau dans la prochaine source.
TIRINTE.
Mais escoute Berger.
HYLAS.
    Eh! laisse-le courir.
TIRINTE.
Ah! traistre qui me perds en la faisant mourir,
Il faut que de ton sang ma cholere s'abreuue,
Et que ie donne au moins cette fidelle preuue
Que ie ne trempe point à l'infidelité
Qui t'a fait abuser de ma credulité.

           O! combien

SCENE II.

HYLAS.

„ ! Combien iustement contre toy ie declame,
„ Peste qui de l'Amour empoisonne la flame,
„ Sorciere dont le nom me fait fremir d'horreur,
„ Constance qui n'es rien qu'vne constante erreur,
„ Et rié qu'vn faux ardant qui ne luis que pour nuire
„ Aux esprits esgarez qui s'y laissent conduire.
„ Amour de sa nature est vn enfant benin,
„ S'il a de la cholere, il n'a point de venin,
„ De peine & de plaisir sa seruitude est pleine,
„ Mais tousiours le plaisir y surmonte la peine,
„ Dont le mal est encore auec cette raison,
„ Qu'il rend le bien plus doux par sa comparaison:
„ Mais cette opiniastre & constante folie
„ Qui chez tous les Amants deuroit estre abolie,
„ Cette fausse vertu de constance & de foy,
„ Fait passer pour Tyran cet equitable Roy.
„ C'est par elle qu'vn cœur laschement perseuere
„ A souffrir les desdains d'vne Beauté seuere,

Pagination incorrecte — date incorrecte

NF Z 43-120-12

Qui de son desespoir fait son esbatement,
Et iusques à la fin le traitte ingratement,
Tesmoin ce malheureux que la douleur immole
Aux autels inhumains de cette vaine idole.

ACTE QVATRIESME.
SCENE III.

MENANDRE. LERICE. SILVANIRE,
HYLAS. LE MESSAGER.

MENANDRE.

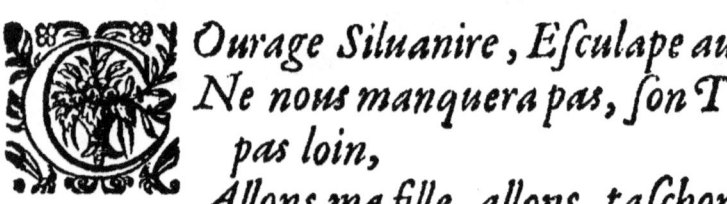

Ourage Siluanire, Esculape au besoin
Ne nous manquera pas, son Temple n'est
  pas loin,
Allons ma fille, allons, taschons de nous y
  rendre.

SILVANIRE.
Ah! mon pere, ie meurs.

LERICE.
Soustenez-la Menandre,
Elle me rompt les bras.

MENAND.
Las! ie suis le soustien
De celle qui plustost deuroit estre le mien.
Dure metamorphose!
MESSAGER.
En fin i'en ay treuué:
Mais n'est-ce point trop tard que ie suis arriué?
SILVANIRE.
Dieux! qu'est-ce que ie voy, c'est Aglante sans doute.
HYLAS.
Hola Berger, hola, ne la iette pas toute,
„ N'a pas fait qui commence, il faut la mesnager.
SILVANIRE.
Helas! & qu'a-t'on fait à ce pauure Berger,
Que la mort est escrite en son visage blesme,
Qui l'a mis en ce point?
HYLAS.
C'est toy.
SILVANIRE.
C'est moy.
HYL. Toy-mesme,
Le bruit de ton trespas l'a fait tel que tu vois.
Mais essayons encor le secours de la voix:
Aglante, Aglante, Aglante, Aglante, prens courage.

LA SILVANIRE.
SILVANIRE.
C'en est fait, il est mort.
LERICE.
Ce seroit grand dommage.
SILVANIRE.
Ie m'en vay l'appeller, peut estre à mon accent
Les esprits reuiendront dans son corps trespassant.
HYLAS.
O! finesse d'Amour qui n'a point sa pareille,
Sous ombre d'approcher sa bouche à son oreille,
Elle le baise.
SILVANIR.
Aglante, Aglante respons moy,
Escoute qui t'appelle, ouure les yeux & voy
Siluanire qui vit la plus saine du monde,
Pourueu tant seulement qu'Aglante luy responde.
HYLAS.
O miracle d'Amour, le voila ranimé
Par la seule vertu de ce nom bien aimé.
AGLANTE.
Cruel, qui que tu sois, dont l'aide iniurieuse
Retient dans ses liens mon ame furieuse,
Ennemy charitable, en quoy t'ay-ie offencé
Pour troubler mon repos à peine commencé?

M'empeschant d'arriuer au trespas où i'aspire.
Mais, Dieux! ne voy-ie pas la belle Siluanire?
MENANDRE.
Voicy le charitable & cruel ennemy,
Qui t'a rendu le iour, perdu plus qu'à demy.
AGLANTE.
Vous de qui la beauté preside en souueraine
Sur ma vie & ma mort dont vous estes la Reine,
Que ne feriez vous pas auec tous vos efforts
Si vostre seule voix fait reuenir les morts?
MESSAGER.
Une personne morte vne autre en ressuscite,
O merueille d'Amour, digne qu'on la recite,
Et que iamais le temps ne la fasse oublier,
De moy tout de ce pas ie vay là publier.
HYLAS.
Ie n'en feray pas moins, en semblable mystere
C'est bien fait de parler, & crime de se taire.

ACTE QVATRIESME.
SCENE IV.
AGLANTE. SILVANIRE. MENAND.
LERICE.

AGLANTE.

Ois-ie vous rendre grace apres cet accident
Pour m'auoir retiré d'vn trespas euident,
Ou me plaindre de vous par qui s'est allongée
La course des ennuis où mon ame est plongée?
SILVANIRE.
Vy seulement Aglante, assuré qu'en tout cas
Si tes malheurs sont grands ils ne dureront pas.
MENAND.
Allons rendre nos vœux pour ta santé renduë.
SILVANIRE.
C'est la raison mon pere. O! Dieux ie suis perduë,
Ah, ie meurs, mes douleurs m'assaillent de nouueau,
Et me gaignent d'vn coup le cœur & le cerueau.

LA SILVA I

LERICE

Las! quel mal est-ce cy qui par fois se retire,
Reuient auſſi par fois, & touſiours deuient pire,
Secourez la Menandre, Aglante aſſiste nous,
Elle n'a plus de force, elle n'a plus de pouls.

AGLANTE.

O! mon bien qui t'enfuis auec tant de viſteſſe.

LERICE.

O! mere ſans enfant, & non pas ſans triſteſſe.

MENAND.

Ah! vieillard moins des ans que des enuuis vaincu,
Malheureux ſeulement pour auoir trop veſcu,
Un treſpas auancé m'euſt donné cette grace
De ne ſuruiure pas au malheur de ma race,
Et bornant de mes iours l'importune longueur
M'euſt empeſché de cheoir en extreme langueur.

AGLANTE.

Et moy chetif, & moy dont l'auanture eſt telle
Que n'agueres preſſé d'vne angoiſſe mortelle,
Les deſtins m'ont rendu le iour preſque rauy
Afin de voir mourir celle pour qui ie vy,
Eſprouuant maintenant dedans cette infortune
Mille tourments pour vn, & mille morts pour vne.

LERICE.

Tristes & fieres Sœurs, dont le trenchant ciZeau
Fait tomber de nos iours le fil & le fuseau,
Laissez le rejetton, ou bien prenez la souche
Toute preste à tomber, & qui desia se couche,
Rendez le fruict pour l'arbre, ô filles de la Nuict,
Sinon par charite prenez l'arbre & le fruict.

AGLANTE.

Si la Parque oubliant sa rigueur coustumiere
Vouloit pour mon flambeau luy rendre sa lumiere,
O! combien promptement, tresor de chasteté,
De tout le sang que i'ay serois-tu racheté.
De quelle vanité se flateroit mon ombre,
En se ressouuenant dans sa demeure sombre
Qu'elle fut sur la terre heureuse iusqu'au point
D'auoir esté le prix de ce qui n'en a point.
Mais celle qui tient l'œil & l'oreille bouchée
De peur que de nos cris & nos peines touchée
Elle vienne à lascher le butin qu'elle a pris,
Ne se resoudra pas de la rendre à ce prix,
Outre qu'estant ma vie en la sienne comprise,
Comme vn bien tout acquis son orgueil la mesprise.

MENANDRE.

Ah! si mes iustes vœux & mes souspirs ont lieu,
Qu'elle

Qu'elle reuienne au moins nous dire vn long adieu.
Espoir de mes vieux iours, honneur de ma famille,
Siluanire qui fus & qui n'es plus ma fille,
Contre l'ordre du temps auras-tu donc de moy
Les pleurs & les adieux que i'attendois de toy?
AGLANTE.
Courage elle reuient.
MENAND.
O! puissant Esculape
Acheue ton ouurage, & fay qu'elle en eschape,
Certain que tous les ans auec solemnité
Nous payerons le coq à ta diuinité.
LERICE.
Ma fille efforce toy, voy la douleur amere
Que souffre à ton sujet & ton pere & ta mere:
Leue vn peu iusqu'à nous tes yeux appesantis,
Tu verras en ruisseaux les nostres conuertis.
AGLANTE.
Oyez oyez Aglante, Aglante qui vous prie
De reuenir encor à sa voix qui vous crie.
SILVANIRE.
O! vous qui de vos pleurs mon visage baignez,
Et qui de vains regrets ma perte accompagnez,
Soyez-vous moins cruels, pardonnez à vostre âge,

O

Et croyez chers parents, que vostre dueil m'outrage,
Assez grief est le mal que ie porte à present,
Sans que le vostre encor le rende plus pesant:
Il est vray, ie succombe, & sens bien à mes peines
Que l'esprit de la mort chemine dans mes veines:
Mais c'est l'arrest du Ciel, & puis qu'il fait tout bien
Il faut assubiettir nostre vouloir au sien.

AGLANTE.

O! Ciel, qu'à ton vouloir le mien i'assubiettisse,
Toy qui m'ostes ma vie auec tant d'iniustice:
Mon cœur, que mon amour empesche de mentir,
Dit tout haut par ma voix qu'il n'y peut consentir.

MENAND.

Autant en dit le mien.

SILVANIRE.

Cessez ie vous supplie
Cette rebellion de blasphemes remplie:
„ Voulez-vous irriter les Puissances d'enhaut?
„ Sauter contre le Ciel, ou le prendre d'assaut?
Si ce n'est point assez de l'appeller inique,
Vous pourriez l'appeller aueugle & tyrannique,
Et d'iniures sans fin vos choleres souler.
Qu'il ne laissera pas pour cela de rouler:
Ie vous coniure encor de calmer ces orages

LA SILVANIRE.

Qu'vne douleur trop forte excite en vos courages,
De moy toute mollesse & toute feinte à part,
I'aime autant que mon feu s'esteigne tost que tard:
Deux choses seulement dont ie craindrois le blâme
Sont les couteaux secrets que ie porte dans l'ame,
L'vne de vous quiter & de me voir rauir
Le temps & les moyens de vous iamais seruir:
L'autre, (car de moy-mesme estant trop peu hardie
La mort m'ouure la bouche & veut que ie la die)
Que si d'vn si fascheux & si pesant fardeau
Ie puis à mon depart alleger mon bateau,
O! combien doucement ie me mettray sur l'onde
Qui doit rendre ma vie aux bords de tout le monde.

MENANDRE.
Quelque secret ennuy va son cœur estouffant,
Dy tout, & ne crains rien.

LERICE.
Parle mon cher enfant.

SILVANIRE.
Auec vostre plaisir i'oseray donc le dire,
Ah! que n'est-il plustost à mon choix de l'escrire,
Voyez-vous ce Berger, dont les pleurs & les soins
D'vne parfaite amour sont les tristes tesmoins.
Nos bleds par quatre fois ont senty la faucille

O ij

Depuis qu'il daigne aimer vostre mourante fille,
Mais d'une ardeur si chaste & si parfaite aussi,
Que si l'on aime au Ciel on doit aimer ainsi.
„ *Iamais lampe d'Amour si long temps allumée*
„ *Ne ietta tant de flame & si peu de fumée.*
Or ie iure le Stix & le Iuge infernal
Qui me cite desia deuant son tribunal,
(Luy mesme le sçait bien) que durant ce long terme
Capable d'esbranler une pudeur moins ferme,
Ie n'ay iamais rien dit ny fait nulle action
A le faire durer en cette affection,
Et s'il veut l'auoüer, quel regret que i'en eusse
Il n'a iamais connu que ie la reconneusse:
„ *L'honneur dont le parfum est de si bonne odeur,*
Me commandoit de viure auec cette froideur:
„ *Mesme n'ignorant pas qu'une fille bien née*
„ *Ne se fait qu'un portrait d'Amour & d'Hymenée,*
Et qu'en fin un mary n'estoit pas à mon choix,
Ie tirois des glaçons du feu que ie cachois,
A qui tant seulement ie defendois de luire,
Ne pouuant l'empescher de brusler & de nuire.
Toy dont le bras fatal sur ma teste est leué,
O mort! n'acheue pas que ie n'aye acheué,
Maintenant que les Dieux de ma nopce prochain

LA SILVANIRE.

Et de mes ieunes ans vont deffaire la chaine,
Mon esprit voudroit bien se pouuoir descharger
De toute ingratitude auant que desloger,
Pourueu que de tous deux il en eust la licence.

MENANDRE.
Nous t'en donnons ma fille vne plaine puissance.

SILVANIRE.
Helas! ie n'en puis plus, Aglante approche toy,
Et prens ma froide main pour gage de ma foy,
Ce doux penser au moins consolera mon ame,
Que tu vis mon espoux & que ie meurs ta fame:
Y consens-tu Berger?

AGLANTE.
O Dieux! que dites-vous.

SILVANIRE.
Et vous mes chers parens.

MENAND.
Ouy nous le voulons tous,
Cette grace inutile & qui peu nous importe
Ne contente aussi bien qu'vne personne morte.

SILVANIRE.
Adieu triste contrée, où la Mort aujourd'huy
Fait triompher l'Amour, puis triomphe de luy,
Vous qui m'aueʒ fait naistre adieu, ie meurs contente,

O iij

Puisque i'ay le bonheur de mourir tienne, Aglante.
AGLANTE.
O Dieux! elle trespasse, ô Destins irritez.
MENANDRE.
Helas, c'est à ce coup qu'elle nous a quittez,
Et qu'apres tant de peurs & de fausses allarmes
Nous luy deuons donner des veritables larmes.
LERICE.
Son corps destitué d'esprit & de chaleur
N'est plus qu'vn vain sujet de mortelle pasleur.
AGLANTE.
Souffrez moy recueillir sur ses leures mourantes
D'vn esprit tout diuin les reliques errantes,
Et que de mes baisers ses membres eschauffant
Ie r'appelle d'vn coup ma fâme & vostre enfant.
Que n'ay-ie bien ma bouche à la sienne colée,
Sa belle ame si tost ne se fust enuoléé,
Ou ses derniers souspirs dans moy fussent passez
Que Zephire dans l'air a desia ramassez,
Afin d'en parfumer tout l'Empire de Flore.
Amour, si toutesfois quelque amour reste encore,
Est-ce par ta malice, ou par celle du sort,
Que tes traits sont changez contre ceux de la mort?
Ou bien souffriras-tu que ta gloire estouffée

LA SILVANIRE.

Soit à son insolence un sujet de trophée?
MENAND.
Doncques de tant de pleurs nos visages noyez,
Et tant de cris tranchants aux Astres enuoyez,
N'ont pû faire escarter les inuisibles nuës
D'où pleuuent tant de maux sur nos testes chenuës.
LERICE.
Le cœur luy bat encor, mais c'est bien foiblement.
MENAND.
Les esprits, non l'esprit causent ce mouuement,
Tel qu'on voit au Lignon quand sa vague irritée
Long temps apres l'orage est encore agitée.
Helas! Lerice, helas! nous pouuons bien pleurer,
Mais non pas plus rien craindre ou plus rien esperer.
AGLANTE.
O! beau Soleil couchant dont ie suis idolatre,
Appren que ton leuer en ressuscite quatre,
Tous quatre en leur fortune ayant tant de raport,
Qu'ils attendent de toy le naufrage ou le port.
MENAND.
Emportons-la chez nous en cas qu'elle reuienne,
(Ce que ie ne croy pas que ma douleur obtienne:)
Mais pourrons beaucoup mieux sa santé rapeller,
Ou ma ioye auec elle au tombeau deualer.

ACTE QVATRIESME.

SCENE V.

TIRINTE. FOSSINDE.

TIRINTE.

Vst-il au beau milieu du globe de la Lune,
Fust-il desia monté sur celuy de Neptune,
Ou fust-il descendu dedans le gouffre amer
De sa plus orageuse & plus profonde mer,
Bref soit-il sur la terre ou dedans ses entrailles,
Ce poignard que ie tiens fera ses funerailles.
Inhumain, desloyal, que te puis-ie auoir fait,
Pour m'employer moy-mesme en si lasche forfait?
Voicy venir Fossinde, elle pourra m'apprendre
Ce qu'il faut que ie sçache & que ie n'ose entendre.
Ah! traistre, traistre amy.

FOSSINDE.

Quel estrange destin
Ioint sans aucun midy le soir à son matin!

Fossinde

LA SILVANIRE.
TIRINTE.
Fossinde que dis-tu?
FOSSINDE.
Que Siluanire est morte.
TIRINTE.
Mais morte assurément?
FOSSINDE.
Comme telle on l'emporte,
Tout le monde au hameau de sa mort aduerty
Va sortir au deuant s'il n'est desia sorty.
TIRINTE.
O! funeste nouuelle, & funeste à iamais
La bouche qui l'a dit.
FOSSINDE.
Vray'ment i'en puis bien mais?
Ne te mettras-tu point encore en fantaisie?
TIRINTE.
Ouy ouy, que son trespas finit ta ialousie.
FOSSINDE.
Souffriray-ie tousiours de ta mauuaise humeur?
Il s'en va l'œil en trouble & l'esprit en rumeur,
On voit dessus son front l'amour & la cholere,
Mais le feu du dernier plus viuement esclaire.
Ah! pauure Siluanire, helas! que ton malheur

P

Va laisser parmy nous vne longue douleur.
Dieux! faut-il que la mort ses rapines estende
Sur vn corps où reluit vne vertu si grande?
Et que la majesté d'vn visage si beau
Se perde pour iamais dans la nuict du tombeau?
Certes si la Beauté que les Dieux t'ont rauie
Pour ne t'en estre pas vtilement seruie,
Estoit quelque tresor dont on peust heriter,
D'autres bien mieux que toy la feroient profiter:
En vain tousiours aimable, & non iamais amante,
Tu croiras estre belle aux yeux de Radamante,
,, Puisque de tant d'appas qui font aimer vn corps,
,, Pas-vn ne suit son ombre au royaume des Morts.

LE CHOEVR.

Ourquoy d'vn beau desir à la gloire porté
N'vsons-nous sagement de ce peu de clarté
Qui du soir au matin nous peut estre rauie?
Nos plus beaux iours s'en vont pour ne reuenir pas,
Mille & mille chemins conduisent au trépas,
Et pas vn toutesfois ne r'ameine à la vie.

Quiconque des mortels se voudroit affranchir
Du pouuoir de la mort qu'on ne sçauroit flechir,
Feroit vne entreprise & ridicule & vaine:
Ny prieres, ny vœux ne la peuuent gaigner,
Et iamais sa rigueur ne voulut espargner
La vaillance d'Achille, ou la beauté d'Heleine.

Chez elle sans respect de fortune ou de sang
Le Prince & le Berger tiennent vn mesme rang.
Où le iuste Minos? où le braue Alexandre?
Et tant d'autres Heros si grands & si connus
Au creux du monument qui les receut tous nuds,
Que sont-ils aujourd'huy que poussiere & que cêdre?

Les arbres tous les ans sous l'effort des Hyuers
Laissent tomber leur vie en leurs fueillages verds,
L'Ocean châque soir void mourir la lumiere,
D'vn ordre toutesfois iamais ne variant,
Le Soleil a tousiours son nouuel Orient,
Et le Cedre tousiours sa ieunesse premiere.

Mais d'vn contraire sort tout ce qui voit le iour
Passe dans le tombeau sans espoir de retour:
,, La vertu seulement immortelle demeure,
Et malgré le destin son priuilege est tel,
Que semant de soy-mesme vn renom immortel,
Elle fait que de nous la memoire ne meure.

C'est la seule Beauté qui veritablement
De l'oubly de la tombe exempte son Amant,
C'est pour l'auoir connuë & pour l'auoir suiuie
Qu'auec mille trauaux Alcide a merité
Ce bruit si precieux à la posterité,
Qu'on le peut appeller vne seconde vie.

C'est le charme puissant de ce rameau doré,
Qui par tout adorable & par tout adoré,
Fait franchir tout obstacle à quiconque le porte,
Ce fut en sa faueur que ce fameux Troyen
Triompha de Cerbere, & qu'il treuua moyen
De sortir des Enfers, dont il garde la porte.

D'vn genereux desir à la gloire porté
Vsons donc sagement de ce peu de clarté
Qui du soir au matin nous peut estre rauie.
„ *Nos plus beaux iours s'en vont pour ne reuenir pas,*
„ *Mille & mille chemins conduisent au trespas,*
„ *Et pas vn toutesfois ne r'ameine à la vie.*

P iij

ARGVMENT
Du Cinquiesme Acte.

Glante apres auoir gemy toute la nuict dans les forests, se treuue enfin sans y penser proche du tombeau de sa Maistresse. Ce funeste object le replongeant en de nouuelles douleurs, luy fait faire de nouuelles plaintes; au bout desquelles il delibere de se sacrifier aux Manes de sa Bergere, & pour l'execution de ce tragique dessein court furieux chercher vn couteau dans sa Cabane. Cependant Tirinte poursuit Alciron à mort, lequel de bonne fortune ayant treuué sur le riuage vn esquif de Pescheur, se iette dedans; & la riuiere entre deux s'explique si bien à Tirinte, qu'il l'oblige à ietter son poignard dans l'eau: cela fait ils vont tous deux au tombeau de Siluanire, qu'Alciron laisse à demy ressuscitée entre les bras de son amy, pour en vser à sa discretion. Tirinte voyant que Siluanire ne respondoit point à son amour, perd le respect, & la veut emmener de force: Aglante suruient là dessus qui l'en empesche; suiuy incontinent apres de Bergers & de Bergeres accourus aux cris de Siluanire. Menandre veut rompre le mariage d'elle & d'Aglante, contre sa promesse. Ils font leurs plaintes au Druide, qui donne son arrest en faueur des deux Amants. Tirinte accusé par Fossinde est condamné suiuant la loy du pays à estre precipité du Rocher malheureux. Fossinde luy sauue la vie en vertu d'vne autre loy: & Tirinte pour satisfaire à tant d'obligations la reçoit pour son espouse, à la commune ioye de tout le Forests.

ACTE CINQVIESME.

SCENE PREMIERE.

AGLANTE seul.

Forests! que pour moy ne deuiennent vos souches
Ou des glaiues trenchants, ou des bestes farouches?
Que ne sont tous vos cerfs en tigres conuertis Ce ver
Pour saouler dessus moy leurs sanglans appetits? est escrit d
Plus ie cherche la mort, & moins ie la rencontre, la main d
Plus ma douleur l'appelle, & moins elle se montre: l'Autheur.
Son frere d'autre part à moy se presentant
En vain de reposer me va sollicitant:
Non que mes sentimens aisément me permissent

Que mes yeux desolez à la fin s'endormissent,
Pourueu que leur sommeil fust vn somme de fer
Tel que celuy qui fait les songes de l'Enfer.
Mais, ô desreiglement de mon ame estourdie!
Ie reclame la Mort de mes cris estourdie:
Inutiles clameurs, puis qu'à bien discourir
Ne viuant desia plus ie ne sçaurois mourir.
Car si l'on dit vn corps estre priué de vie
Quand la main de la Parque en a l'ame rauie,
Il faut absolument qu'on m'accorde ce point,
Qu'on peut viure sans ame, ou que ie ne vy point,
Ou ie vy comme vn corps dont la masse est regie
Par cet art malheureux qu'enseigne la Magie,
En qui toute la vie est l'agitation,
Qui suppleant à l'ame en fait la fonction.
Mon corps n'a plus la sienne, & la seule tristesse
En est l'impitoyable & la mortelle hostesse,
Hostesse qui bien tost pour mon soulagement
Fera tomber en fin son triste logement.
Mais attendre du temps & de sa main tardiue
Le remede que veut vne douleur si viue,
,, C'est à ces lasches cœurs que l'espoir de guerir
,, Persuade plustost que l'ardeur de mourir.
L'amour de Siluanire & le malheur d'Aglante

Veulent bien vne fin plus prompte & plus sanglante:
Cette mort que tantost ie reclamois en vain
Sans la chercher si loing ie treuue dans ma main:
,, Elle se donne à ceux que sa crainte rend blesmes,
,, Et les plus asseurez se la donnent eux mesmes:
Mais vn certain object dans la nuict aperceu
A face de tombeau si mon œil n'est deceu:
Voyons-le de plus prés. O veuë! ô cognoissance!
O tombeau de ma gloire & de mon esperance!
Triste & mortel object que la haine des Cieux
Pour croistre ma douleur offre encore à mes yeux.
O Dieux! faut-il, ô Dieux! que ma moindre auanture
Soit tousiours par dessus ou contre la nature?
On dit que bien souuent les phantosmes des morts
Apparaissent aux lieux où reposent leurs corps;
Et le mien au contraire (esmerueillable chose)
Erre autour du sepulchre où son ame repose,
Sepulchre des Amours qui tout froid & tout blanc
Sera dans peu tout rouge & tout chaud de mon sang.
Donc à ce que ie voy ce tombeau que ie touche
Sera la malheureuse & nuptiale couche,
D'où les pleurs, les souspirs & les gemissemens
Se doiuent engendrer de nos embrassemens:
Et mesme où par la forme aux nopces coustumiere

Q iij

Qui permet que l'espouse entre au lict la premiere,
Ma Bergere m'attend, que la mort cependant
Aura fait endormir sans doute en m'attendant.
O! monstrueux Hymen, ô! couche infortunée,
Où pour tout fruict d'Amour la mort nous est donnée,
Helas, quand mon esprit se va representant
Qu'vn seul demy quart d'heure et presque vn seul in- [stant
A veu poindre le iour de nostre mariage,
Et commencer la nuict de mon triste veufuage,
Ie me treuue l'vnique à qui iamais le Ciel
Ne depart ses douceurs qu'auec beaucoup de fiel:
Car enfin cet ingrat ne pouuant que ie pense
Laisser mes longs trauaux sans quelque recompense,
A moins que d'estre iniuste & de se faire tort,
Il m'enuoya ce bien par les mains de la Mort,
Mains qui toutes de meurtre & toutes de rapine
Ont retiré la rose & m'ont laissé l'espine,
Cent fois plus malheureux que ie ne l'eusse esté
Si ie n'auois point eu le bien qui m'est osté.
L'inconsolable Orphée affligé de la sorte
Obtint du Roy des Morts son Euridice morte,
Sous vn pacte pourtant tellement importun,
Que la perdre & l'auoir luy fut quasi tout vn:
Encore est-on d'accord qu'il perdit par sa faute

L'honneur demy gaigné d'vne palme si haute,
Et qu'elle estoit à luy s'il eust eu le pouuoir
De s'abstenir vn peu du plaisir de l'auoir.
Une si belle faute estoit bien pardonnable
Vers vn Iuge plus doux ou moins desraisonnable:
Mais que puis-ie auoir fait au Ciel capricieux
Que mesme ses bien-faits me sont pernicieux?
Nouuel Astre du Ciel, Siluanire mon ame,
Que ie n'ose appeller de ce doux nom de fâme,
Feu d'amour qui fais honte aux feux du Firmament,
Voy les ennuis mortels que souffre ton Amant,
Beau Soleil dont la mort d'vne rage insensée
Au signe de la Vierge a l'eclypse auancée
A trauers l'espaisseur du nocturne bandeau,
Regarde que pour toy ie suis au Verseu-d'eau
Iusqu'à tant que ie mesle à des larmes si vaines
La sanglante liqueur qui boult dedans mes veines.
Voicy voicy l'autel où mon sort inhumain
Veut qu'enfin ie m'immole auec ma propre main,
Et que renouuellant l'vsage illegitime
Par qui l'homme par l'homme est offert en victime,
Seul ie serue à la fois en ce mystere cy
De sacrificateur & de victime aussi.
Meurs miserable Aglante, & d'vne main hardie

Q iij

LA SILVANIRE.

Ferme l'acte sanglant de cette tragedie;
Ta Bergere en cecy t'a voulu preuenir,
Et puisque tes regrets n'ont pû la retenir,
Donne toy pour le moins le plaisir de la suiure,
Et cesse de mourir en acheuant de viure.
,, Monstre que les rigueurs de la mort sans pitié
,, Peuuent tout sur l'Amant, & rien sur l'Amitié.
Autrefois le trespas estoit espouuantable,
Mais à qui maintenant n'est-il pas souhaitable,
Si l'Amour est tout mort, & la Mort toute Amour,
Depuis que sa belle ame a changé de sejour,
Mesme pour m'espargner le soin que la nature
Veut que chaque mortel ayt de sa sepulture,
Il semble que ce cher & funeste tombeau,
Qui riche d'vn tresor du monde le plus beau,
Est vray'ment vn tombeau de pierre precieuse,
Me presente à dessein sa couche officieuse:
Aussi quoy qu'il enferme vn depost accomply,
Si ie n'y sus encore il n'est pas bien remply.
Mais puis qu'à mon regret la douleur ne me tuë
Allons chercher vn fer qui ma rage effectuë.

ACTE CINQVIESME.

SCENE II.
ALCIRON. TIRINTE.

ALCIRON.

Vyons, puisque la fuite est nostre seureté,
Il fait mauuais attendre vn Amant irrité.
TIRINTE.
Ah! lasche empoisonneur, homicide infidelle,
Fusses-tu plus leger que n'est vne arondelle,
Tu sentiras bien tost que c'est moy qui te suy.
O! cheute, ô! Ciel qui pire & plus traistre que luy, *Il tombe.*
Auec les assassins as de l'intelligence,
Pourquoy differes-tu l'effect de ma vangeance,
Faisant faillir mon pied sur le poinct que ma main
Alloit cacher ce fer dans son cœur inhumain.
ALCIRON.
Dieux! ie suis hors d'haleine, et nõ pas hors de crainte,
Comme il est sans raison sa cholere est sans feinte:

J'aime mieux estre seul & gaigner le deuant,
Qu'attendre le retour d'vn semblable suiuant:
Il ne sçait où ie suis, mais en cas qu'il arriue
Vn esquif de pescheur que ie voy sur la riue
Me donnera moyen de le desabuser,
Sans redouter l'effort dont il voudroit vser.
Le voicy qui sans bruit vient à moy par derriere,
Ne croyant pas treuuer vne telle barriere.

TIRINTE.
Je te tiens à ce coup ennemy de mon bien.

ALCIRON.
Je croy que pour ce coup tu ne me feras rien,
Lignon de qui le cours s'oppose à ta furie
Me met en seureté.

TIRINTE.
    Dieux! quelle effronterie:
Quoy meschant, penses-tu que le Dieu de cette eau
Supporte impunément ton crime & ton bateau?
Comme il a trop peu d'eau pour lauer ton offence,
Il a trop d'equité pour prendre ta defence:
Laisse nos bords tesmoins de ta desloyauté,
Et va sur l'Ocean souffler ta cruauté:
Quelque diuersité de bestes si sauuages
Qui d'Afrique & d'Asie infectent les riuages,

Et

Et quelque monstre en fin que Thetis ayt chez soy,
Elle n'en aura point de plus monstre que toy,
Ny de qui la rencontre & la fureur soit pire.

ALCIRON.

Et bien ingrat amy n'as-tu plus rien à dire?

TIRINTE.

Non, mais beaucoup à faire ayant à me vanger
D'vne rage d'Enfer sous l'habit d'vn Berger,
D'vn tygre & d'vn serpent le plus mortel du monde,
Qui me perd sur la terre & se sauue sur l'onde.

ALCIRON.

Tu m'outrages, Berger, & m'accuses à faux:
Mais i'aime mes amis auecques leurs defaux,
Et remarquant assez que la mort pretenduë
De celle que i'ay mesme au tombeau descenduë,
Allume le courroux qui te transporte ainsi,
I'excuse ton erreur, & l'apprehende aussi:
Au lieu de me poursuiure auec cette humeur noire
Il faut, Tirinte, il faut s'appaiser, & me croire.

TIRINTE.

Je ne t'ay que trop creu perfide empoisonneur,
Moins de credulité m'eust fait plus de bonheur:
Cesse de me flatter d'esperances friuoles,
Ie veux du sang d'vn traistre, & non pas des paroles.

R

Quel discours, fust-il fait de la bouche des Dieux,
Peut démentir la foy que nous deuons aux yeux?
Cruel, n'ay-ie pas veu l'effect trop veritable
De ton verre assassin, en sa fin lamentable?
Ie voy que son trespas met tout le monde en dueil,
Horsmis toy seulement qui l'as mise au cercueil:
Cependant imposteur ton impudence est telle,
Que tu dis qu'elle vit encore.

ALCIRON.
Aussi fait-elle.

TIRINTE.
O! le meschant esprit.

ALCIRON.
Et bien sans t'esmouuoir
Veux-tu que sur le champ ie te le fasse voir?
Iusqu'icy ma frayeur & ton impatience
Ne nous ont pas permis d'en faire experience.
Et ie ne mettray point le pied hors du bateau
Si premier dans Lignon ie ne voy ton couteau,
Tu me croiras apres le plus meschant qui viue
Si comme ie l'ay dit l'auanture n'arriue.

TIRINTE.
Et comme quoy cela?

ALCIR. Deffay-toy seulement

De ce fer que tu tiens, & tu sçauras comment,
Il est temps pour ton bien que ie me iustifie.
TIRINTE.
Se peut-il que Tirinte encore vn coup se fie
Aux discours d'Alciron apres ce qu'il a veu,
Sans estre de memoire & d'esprit despourueu?
„ Mais de quelles erreurs n'est vn Amant capable?
Viens seurement à bord si tu n'es point coupable,
Lignon qui s'est plongé mon couteau dans le sein
A diuerty l'effect de mon premier dessein.
ALCIRON.
Ie n'eusse iamais creu, s'il faut que ie te blâme,
Que tant de deffiance eust logé dans ton ame: Il sort d
Ma longue affection auoit bien merité   bateau.
Ou moins d'ingratitude, ou plus d'authorité:
Mais puisque d'ordinaire en matieres pareilles
On croit plustost aux yeux qu'on ne croit aux oreilles,
Ie veux te faire voir, & sans enchantement,
Qu'en me persecutant tu fais iniustement.
Or pour te faire auoir l'intelligence entiere
D'vne si merueilleuse & si haute matiere,
Appren que le Miroir qu' Alciron t'a donné
Est bien comme tu crois vn verre empoisonné.

R. ij

TIRINTE.

Et bien empoisonneur.

ALCIRON.

Permets que ie m'explique:
Ce verre est composé de pierre Memphitique,
Iointe au puissant extraict de ce fameux poisson
Qui surpris aux appas du mortel hameçon
Fait couler vn poison sur la ligne ennemie
Qui du triste pescheur rend la main endormie;
Si bien que les miroirs qu'on en peut auoir faits
Produisent à nos yeux d'admirables effaits,
Assoupissant les sens de tous ceux qui les voyent
Par la contagion des esprits qu'ils enuoyent.
Au reste il faut sçauoir que ce profond sommeil
Paroist sous vn visage au trespas si pareil,
Que les plus aduisez deceus par l'apparence
N'y peuuent remarquer aucune difference.
C'est ainsi qu'auec toy tout vn peuple abusé
Par la subtilité dont nous auons vsé
Croit Siluanire morte, & que mesme à cette heure
Comme telle au hameau tout le monde la pleure.

TIRINTE.

Que m'as-tu dit, ô Dieux! ou plustost ô Pasteur!
Que ne m'as-tu pas dit? & n'es-tu point menteur?

LA SILVANIRE.
ALCIRON.
Nullement.
TIRINTE.
O! merueille à peine conceuable.
Mais quand ce que tu dis seroit bien receuable,
Ie ne voy point comment elle puisse estre à moy,
Ny comment nous puissions la r'appeller à soy.
ALCIRON.
Climante ce trompeur le plus grand de la terre
(C'est le nom de celuy qui me donna le verre)
De te dire comment, & pour quelle raison,
Ce seroit vn discours trop long pour la saison,
Suffit que ce Dedale ou cet autre Archimede
En m'enseignant le mal m'enseigna le remede,
Distillant deuant moy dans ce flaccon d'estain
De ce poison douteux l'antidote certain.
C'est vne eau sans odeur, claire comme rosée,
Que de simples diuers luy mesme a composée.
TIRINTE.
Et sçais-tu bien sa force?
ALCIRON.
Oüy vray'ment ie la sçay,
Pour en auoir veu faire vn memorable essay:
Ce mystere en vn mot n'estant sceu de personne,

R iij

Ta Siluanire est tienne, Alciron te la donne,
Regarde maintenant, amy de peu de foy,
Si ie n'ay pas sujet de me plaindre de toy.
TIRINTE.
O! des parfaits amis le plus parfait modelle,
Tousiours ingenieux comme tousiours fidelle,
Que mon heur sera grand, & qu'il sera parfait
Si tu fais succeder au langage l'effait.
ALCIRON.
Cet incredule esprit ne me croit pas encore:
Mais desia les couleurs de la prochaine Aurore
Annoncent le retour du Soleil qui la suit,
A la confusion des flambeaux de la nuit,
I'apperçoy le sepulchre où ie sçay qu'on l'a mise,
Veu que rien ne se fit que par mon entremise.
Hastons-nous de l'ouurir, nous n'auons pas besoin
En ce mystere cy de iour ny de tesmoin.
TIRINTE.
O! precieux tombeau, qui dedans ta closture
Gardes comme en depost l'honneur de la Nature,
Fidelle gardien de la gloire d'Amour.
ALCIRON.
Tirinte despeschons auant qu'il soit plus iour,
I'ay besoin de ta main, & non pas de ta langue,

Vne autre vne autre fois tu feras ta harangue,
Il seroit tres-mauuais qu'on nous surprist icy
Auant que de tout point la chose eust reüssy:
Vsons bien des moyens que le temps nous presente:
Caleuons cette pierre.
TIRINTE.
O Dieux! qu'elle est pesante,
Et que i'ay grande peur qu'vn si pesant fardeau
Ne l'ait toute escrasée au fonds de ce tombeau.
ALCIRON.
Cela comme tu dis pourroit estre sans doute
Si celles de dessous ne la soustenoient toute:
Apres l'auoir leuée ostons luy son linceul,
Ayde moy si tu veux, penses-tu que tout seul
Ie puisse faire tout?

TIR. O Dieux! le cœur me tremble,
Ah perfide! elle est morte.
ALCIRON.
Au moins il te le semble:
Dy plustost qu'elle dort.
TIRINTE.
Ah meschant! ah trompeur!
ALCIRON.
Ainsi qu'elle est sans mal, tu dois estre sans peur:

LA SILVANIRE.

Voicy l'eau dont enfin il faut que ie l'esueille:
Soustien-la seulement, & tu verras merueille.
TIRINTE.
O Dieux! elle souspire, & vient d'ouurir les yeux.
ALCIRON.
Une autre fois viendra que tu me croiras mieux,
Cependant, cher amy, quelque accident qui suiue,
Ie remets en tes mains ta belle MORTE-VIVE.
Adieu, ie me retire, elle est tienne autant vaut,
Use de la fortune & du temps comme il faut,
Fay ta piece en vn mot comme i'ay fait la mienne,
Et prens garde sur tout que quelqu'vn ne suruienne.

ACTE CINQVIESME.
SCENE III.
SILVANIRE. TIRINTE.
SILVANIRE.

Dieux, quelle auanture, & quel nouueau pays
Rend mes sens estonez et mes yeux esbahis.

Que

LA SILVANIR.

Quel esclat de lumiere, ou vraye ou deceuante,
M'estonne & m'esbloüit, suis-ie morte ou viuante?
Viuante il ne se peut, ne me souuient-il pas
Que ie sentis hier les douleurs du trespas?
Morte, non, car les morts sont moins que des idoles,
Côme ils n'ont point de bouche, ils n'ont point de paro-
Et despoüillez qu'ils sont du corps que ie me sens, [les,
Ils n'ont pas comme i'ay l'exercice des sens:
Toute dispute à part, si faut-il ce me semble
Que ie sois morte ou viue, ou tous les deux ensemble:
Certes voicy le drap dont mon corps fut couuert,
Et voila bien encor mon monument ouuert;
Tout cecy marque assez ma fin precipitée,
Mais non pas comme quoy ie suis ressuscitée,
Car en fin ie croy bien qu'il n'est point de retour
De la nuict des Enfers à la clarté du iour,
Nos esprits à iamais errent dessus le sable
Du torrent que la Parque a fait irrepassable.
Dieux! ne voy-ie pas là Tirinte le Pasteur,
Tirinte qui iadis estoit mon seruiteur,
Si son amour au moins n'estoit pas mensongere.

TIRINTE.

C'est le mesme Berger, trop aimable Bergere,
Que vous souliez traitter auec tant de rigueur.

S

SILVANIRE.
Où suis-ie, en quel pays?

TIR. Vous estes dans mon cœur,
Vous estes en Forests comme autrefois vous fustes.

SILVANIRE.
Mais ie mourus hier.

TIRINTE.
Il est vray vous mourustes.

SILVANIRE.
Et d'où vient aujourd'huy ma resurrection?

TIRINTE.
Elle vient du pouuoir de mon affection.

SILVANIRE.
Quoy, ton affection a donc esté si forte
Que de rendre la vie à Siluanire morte?

TIRINTE.
Il est vray, mon amour a vaincu le trespas.

SILVANIRE.
Si l'amour de quelqu'vn (ce que ie ne croy pas)
A pû me retirer du mortel labirinte,
C'est donc celuy d'Aglante, & non pas de Tirinte.

TIRINTE.
Que vous estes iniuste à condamner ma foy, [moy?
Croiriez-vous biē qu'vn autre eust plus d'ardeur que

LA SILVANIRE.

Iugez mieux de ma flame, ô belle Siluanire,
Et tenez pour certain ce que ie vous vay dire.
Tous les cœurs des Amans dans vn seul ramassez,
Ceux qui sont à venir, & ceux qui sont passez,
Bref toute la Nature & tout l'Amour luy-mesme
Ne sçauroient plus aimer que Tirinte vous aime.

SILVANIRE.

Brisons-là ie te prie, & m'enseigne comment
I'ay pû rompre aujourd'huy la loy du monument.

TIRINTE.

Ce Dieu qui m'a donné le cœur pour entreprendre
Le coup ingenieux que vous allez apprendre,
Amour, ce mesme Amour me priue à cette fois
De cœur pour vous le dire aussi bien que de voix :
Ie le diray pourtant, & rompray le silence
Dont ie ne dois souffrir l'iniuste violence.

Vous souuient-il qu'hier ie rompis le miroir
Que contre vostre humeur ie vous pressay de voir,
Et qu'assez fixement vous vous y regardastes :
Vous en souuenez-vous ?

SILVANIRE.
     Ie m'en dois souuenir,
Car la santé depuis n'a pû me reuenir.

S ij

TIRINTE.

Soyez donc attentiue au recit d'vne histoire
Aussi digne de foy que difficile à croire,
Escoutez vn dessein le plus auantureux
Qui partira iamais d'vn esprit amoureux.
 Apres auoir tenté tous les moyens possibles
Afin de surmonter vos rigueurs inuincibles,
Et fait ce qu'vn mortel peut faire humainement
Pour s'obliger vne ame, & le tout vainement,
Sur tout ne voulant point qu'au mespris de ma flame
Theante eust le bonheur de vous auoir pour fame,
(Pardonnez, Siluanire, à mon affection)
En fin ie resolus d'vser d'inuention,
I'employay ce miroir, qui sans estre magique
Vous endormit les sens d'vn somme lethargique,
Somme en tous ses effects si durable & si fort,
Qu'à bon droit on l'a pris pour celuy de la mort:
C'est ainsi qu'au cercueil on vous a descenduë.

SILVANIRE.

Et que pretendois-tu de ma mort pretenduë?

TIRINTE.

I'ay pensé qu'estant morte au iugement de tous
Il me seroit aisé de me saisir de vous.

LA SILVANIRE.

SILVANIRE.
Et puis? TIR. Et puis apres en tel lieu vous conduire,
Que le flambeau d'Hymen y bruslast pour nous luire.
SILVANIRE.
Donc sans estre d'accord auec ma volonté
Tu formois le projet de cet acte effronté,
Qui ne te peut seruir que de sujet de honte.
TIRINTE.
,,Une parfaite amour toute chose surmonte.
SILVANIRE.
Ne donne qu'à toy seul ta perfide malice,
Amour n'en fut iamais l'autheur ny le complice:
Et pour te faire voir qu'il n'est point partisan
D'une meschanceté dont tu fus l'artisan,
Luy-mesme trauaillant par des ressorts occultes
Destruit visiblement tout ce que tu consultes,
Et faisant reuenir le crime sur l'autheur
Monstre assez que iamais il n'en fut le moteur.
Ta malice, Berger, a fait tout le contraire
De ce que tu pensois. TIR. Et qu'a-t'elle pû faire?
SILVANIRE.
Elle a fait en ma mort vn miracle si doux,
Qu'au gré de mes parens Aglante est mon espoux:

S iij

Ton heureux artifice a fait cet hymenée,
Ne me demande point puisque tu m'as donnée,
Ne fay plus de dessein dessus le bien d'autruy,
Aglante est tout pour moy, ie suis toute pour luy.
Comme c'est par la mort que ce bien ie possede,
C'est par la mort aussi qu'il faut que ie le cede.
TIRINTE.
O Cieux! iniustes Cieux, donc à ce que i'apprens
Un autre aura le fruict des peines que ie prens?
Non non, il n'est refus ny promesse qui vaille,
„ *La recompense est deuë à celuy qui trauaille:*
Regardez que le Ciel de toute eternité
A conioint nos destins de tant d'affinité,
Qu'estant le Viuant mort, & vous la Morte-viue,
Il faut que de nous deux le mariage arriue,
L'occasion s'enfuit pendant que nous parlons,
Et la nuict auec elle: allons Bergere, allons.
SILVANIRE.
Dieux! où veux-tu que i'aille?
TIRINTE.
Où vous serez seruie
Auec tant de douceur que vous serez rauie.
SILVANIRE.
Tu me rauis desia perfid rauisseur,

LA SILVANIRE.

Mais c'est de violence, & non pas de douceur:
Non, ie mourray pluſtoſt.
TIRINTE.
Allons allons m'auuaiſe,
Et tay toy ſeulement.
SILVANIRE.
Voleur que ie me taiſe:
O Cieux! qui nous voyez.
TIRINTE.
Et la terre & les Cieux
A ce crime d'amour ſe ſont fermez les yeux.
SILVANIRE.
Tu nommes donc Amour vne force inſolente.
TIRINTE.
Amour ou force, allons.
SILVANIRE.
Au ſecours mon Aglante.
TIRINTE.
Appelle ton Aglante autant que tu voudras,
Et Pluton ſi tu veux, toutesfois tu viendras.

SCENE IV.

AGLANTE. SILVANIRE. TIRINTE.

AGLANTE.

E deliberons plus, mourons deſſus ſa tombe,
Un Amant immolé vaut plus qu'une heca-
tombe.

SILVANIRE.
A la force, ô Paſteurs, ô Dieux ſecourez moy.

AGLANTE.
Dieux! qu'eſt-ce que i'entens, & qu'eſt-ce que ie voy,
Voila ſa meſme voix, voila ſon meſme geſte,
Et ſes meſmes habits, ne doutons plus du reſte,
C'eſt elle aſſurément.

TIRINTE.
Cet inutile effort
Ne te ſauuera pas, ie ſeray le plus fort.

AGLANTE.
Ah! traiſtre, mon ſecours rompra ton entrepriſe,
Et ce fer en tout cas te fera laſcher priſe.

Quel

LA SILVANIRE.

SCENE V.

CHOEVR DE BERGERS. SILVANIRE.
AGLANTE. TIRINTE.

CHOEVR.

*uel tumulte, quel bruit, & quels cris si trenchants,*
Mesme à l'heure qu'il est, esclatent dans nos champs?

SILVANIRE.

Que ta rencontre, amy, m'estoit bien necessaire
A sauuer ma vertu des mains de ce Corsaire.

AGLANTE.

Ah! perfide Tirinte.

TIRINTE.

O Dieux! ie veux mourir.

SILVANIRE.

Meurs si d'autre façon tu ne veux pas guerir.

CHOEVR.

Sçachons d'où viët le bruit que nous venõs d'entëdre.
Mais Dieux! n'est-ce pas la la fille de Menandre?

T

Que nous croyons tous morte, & qu'on ne peut nier
Estre morte en effect?
         SILVANIRE.
                    Il est certain qu'hier
Je fus mise au tombeau par la ruse damnable
D'vn acte d'insolence à peine imaginable,
Dont vous voyez, icy le detestable autheur.
         TIRINTE.
O cœur, ô cœur ingrat!
         SILVANIRE.
                    O meschant imposteur.
         CHOEVR.
,, O diuines bontez, que le vice a d'amorce,
,, Et qu'il fait mal iuger de l'arbre par l'escorce.
Qui iamais eust songé qu'vn Berger si bien fait
Eust tourné sa pensée à si lasche forfait?
Cependant il faudroit en aduertir le pere,
Que le dueil de sa mort à bon droit desespere:
Pour faire ce message il seroit à propos
De choisir Cloridon, comme le plus dispos.

SCENE VI.

HYLAS. FOSSINDE. SILVANIRE.

HYLAS.

Oyons, sçachons que c'est, allons viste, courons,
Mais voicy des Bergers de qui nous le sçau-
rons,
Eh! voila Siluani-

FOS. O Dieux! à ce prodige
Tout mon sang de frayeur dans mes veines se fige.

SILVANIRE.

Approche toy Fossinde, & n'ayes point de peur,
Et quoy, nos amitiez?

FOSSINDE.

Va phantosme trompeur,
Garde pour tes pareils tes amitiez glacées,
Ie n'en veux point auoir auec les trespassées.
O Dieux!

SILVANIRE.

Tu me fuis donc.

FOS. Qui ne te fuiroit pas?

Voyez comme elle parle & chemine à grands pas.
HYLAS.
Tel estoit son corsage, & sa parole telle
Auant qu'elle eust quitté sa despoüille mortelle,
Et comme si cette ombre auoit vn corps humain
Aglante la caresse & luy baise la main,
Extreme & vain effect de son amour extresme.

ACTE CINQVIESME.

SCENE VII.

MENAND. LER. SILV. TIR. CHOEVR.
FOSS. HYLAS.

MENAND.

Que ce soit vn phantosme, ou nostre enfant luy-mesme,
Ie veux ie veux le voir. O Ciel! Ciel tout-puissant,
O! miracle en grandeur tout autre surpassant,

Embrasse embrasse moy, ma fille bien-aymée.
LERICE.
Dieux! c'est bien Siluanire, ou ma veuë est charmée.
SILVANIRE.
Asseurez vous mon pere, & vous ma mere aussi,
Qu'il n'entre point d'abus ny de charme en cecy:
Ce Berger qui si loing des autres se retire,
Le desloyal qu'il est vous le pourra bien dire.
TIRINTE.
Ie le diray, cruelle, à ta confusion,
Et prenant de mourir si belle occasion,
Ie ne cacheray point l'audace auantureuse
Où m'a porté l'excés de ma rage amoureuse.
CHOEVR.
Amour n'a point d'excés qui te puisse excuser
De la force & du rapt dont tu voulois vser.
MENAND.
De la force?
TIRINTE.
Il est vray.
LERICE.
De la force à ma fille?
Auoir mis en danger l'honneur de ma famille?
O Pasteurs! si tout droit de vos cœurs n'est banny,

Pourriez vous bien laisser ce meschant impuny?
Vous qui fustes tesmoins de ses noires malices,
Si vous ne me vangez, vous en estes complices.
CHOEVR.
Nos Iuges seulement ont droit de le punir,
Et nous droit de le prendre & de le retenir.
FOSSINDE.
Liez-le donc si bien que sous vostre conduite
Il cherche vainement son salut en sa fuite.
TIRINTE.
Attachez-moy, Bergers, ou ne m'attachez pas,
Ie suiuray sans regret le chemin du trespas.
HYLAS.
Suiuons ce malheureux pour voir quelle sentence
Les loix donnent en cas de pareille importance:
FOSSINDE.
En fin voicy le iour si long temps attendu,
Qu'il est pris au filet par luy mesme tendu,
Et que mon amitié tant de fois outragée
Sera d'vn mesme coup satisfaite & vangée.
Qu'il augmente s'il peut ses superbes mespris,
I'ay auray ma raison: ie le tiens, il est pris.
Mais ie m'en vay le suiure où la troupe le meine,
Afin d'estre presente à l'arrest de sa peine.

ACTE CINQVIESME.

SCENE VIII.

AGLANTE. MENANDRE. SILVANIRE.

AGLANTE.

Maintenant que le Ciel de nos larmes touché
Nous a rendu le bien qu'il nous auoit caché,
Vous plaist-il pas, Menandre, & vous sage Lerice,
Que sans plus differer nostre hymen s'accomplisse?
„ Mariage qui traine est à demy deffait.

MENANDRE.
„ Ouy, mais nouueau conseil sied bien à nouueau fait.

AGLANTE.
Qu'inferez-vous de là Menandre?

MENAND.
　　　　　　　　　Que i'infere?
Que i'en veux disposer en qualité de pere,
Et luy donner Theante en qualité d'espoux.

AGLANTE.
Vous me l'auez donnée, elle n'est plus à vous.
MENAND.
Elle n'est plus à moy?
AGLANTE.
Non, ou vostre parole
N'auroit non plus d'arrest que la plume qui vole.
MENAND.
Si tu le prens par là, ma parole & ma foy
L'ont donnée à Theante auparauant qu'à toy:
N'y songe plus Aglante, & cherche vne autre fâme.
AGLANTE.
O pariure, ô trompeur, ô Dieux que ie reclame,
Dieux qui vistes l'accord entre nous arresté,
Ne tonnerez-vous point sur sa desloyauté?
Or apres tout, Menandre il n'est respect qui tienne,
Ie pretens Siluanire, il faut qu'elle soit mienne:
Et puisque ta rigueur n'y veut pas consentir,
I'iray de mes raisons le Druide aduertir,
Il me rendra iustice, ou le Iuge supresme
Se seruant de ce bras me la fera luy mesme.
SILVANIRE.
O Pasteur! que ie plains ton malheur & le mien.

Il a

LA SILVANIRE.
MENAND.

Il a beau menacer, si n'en sera-t'il rien,
Celuy sera bien fort qui me fera démordre :
Mais toy dont l'imprudence ameine ce desordre,
Veux-tu point acheuer la faute que tu fis
Quand ton esprit malade agrea ce beau fils ?
Aueugle veux-tu point pour ta honte & la nostre
Preferer ses beautez aux richesses d'vn autre ?
Que si tu l'auois fait, vn iour tout à loisir
Tu maudirois tes yeux qui l'ont voulu choisir,
Choix qui sera toufiours vne preuue certaine
Qu'au point que tu le fis tu n'estois pas bien saine.
Où t'en vas-tu? reuien. Elle s'en va toufiours :
Va va, suy le sujet de tes folles amours,
Et te rends ridicule à tout le voisinage.

LERICE.
Encor faut-il donner quelque chose à son âge.

V

SCENE IX.

MENANDRE. LERICE.

MENAND.

C'Est ainsi qu'indulgente à ses ieunes desirs
Tu veux qu'elle s'emporte au gré de ses plaisirs,
Et que fermant l'oreille aux conseils de son pere,
Elle attire sur nous vn commun vitupere.
Mais tous deux pourroient bien se retirer d'accord
Vers le sage Druide, & me mettre à mon tort:
Ie vay de mon costé mes raisons luy deduire,
Et voir ce bel Hymen en deux mots se destruire.

LERICE.

O! Pere sans pitié, ton auare faim d'or
Fera tant qu'à la fin nous la perdrons en cor.
Veuillent les iustes Cieux acheuer cette affaire
Comme pour nostre bien il sera necessaire.

ACTE CINQVIESME.

SCENE X.

AGLANTE. SILVANIRE. HYLAS.

AGLANTE.

N'y songe plus Aglante, auec ta pauureté,
Croy que tousiours le tort sera de ton costé:
Mais cessant d'esperer en la iustice humaine
Appelle ton courage au secours de ta peine:
Siluanire est ta vie, & de là tu conclus
Qu'il faut qu'elle soit tienne, ou que tu ne sois plus.
Sa mort me la donna, sa mort me l'a rauie,
Et ie la perds encore à cause de sa vie.
Comment donc arrester le bonheur qui me fuit,
Si la mort & la vie egalement me nuit?
Mais la voicy qui vient. O! beauté sans seconde,
Pourrois-ie bien vous perdre & demeurer au monde?

SILVANIRE.

Console toy Berger, si iamais tu m'aimas,

Ie viens de te chercher chez le sage Adamas,
A qui i'ay briefuement nostre affaire contée,
Et te puis asseurer qu'il m'a bien escoutée:
Hylas qui m'a promis de trauailler pour nous
M'a veuë auecques pleurs embrassant ses genoux,
Quand mon pere est entré, mais entré de la sorte
Qu'vn homme que l'ardeur & la fureur emporte,
Tremblotant, interdit, & les yeux plus ardants
Que ces feux qui de nuict font peur aux regardants:
Si bien qu'apprehendant sa presence & son ire
Ie me suis desrobée.

AGLANTE.

    Helas! ma Siluanire,
(Si nostre toutesfois nous pouuons appeller
Vn bien qu'on nous dispute et qu'on nous veut voler,)
Que nous aurons de peine à combattre l'orage
Qui s'esleue sur nous.

SILVANIRE.

    Mon Pasteur prens courage,
Le Ciel dont nostre hymen est vn visible effait,
Laisseroit-il ainsi son ouurage imparfait?
N'auons-nous point vn Iuge aux presens inuincible?
A la seule equité de tout temps accessible?
Et dont l'ame est encore ainsi qu'auparauant

Un port à la iustice à l'abry de tout vent?
Mais puisque la rigueur du malheur où nous sommes
Sousmet nostre fortune au iugement des hommes,
„*Hommes qu'on voit souuent le tort fauoriser,*
„*Pour ignorer le droict, ou pour le mespriser,*
Ie te veux assurer, quoy qu'en fin il aduienne,
Que iusqu'au monument ie demeureray tienne,
Et reçoy ce baiser pour gage de ma foy.

AGLANTE.

O Destins! desormais deliberez de moy,
Et ne murmurez plus vous mes tristes pensées,
Siluanire aujourd'huy vous a recompensées:
Mais quels remerciments, ou bien quelle action,
(Si vous n'auez esgard à mon affection,)
Fera, quelque deuoir que d'ailleurs ie vous rende,
Que ie ne meure ingrat d'vne faueur si grande?

SILVANIRE.

Point de faueur, Aglante, il faut bien qu'à mon tour
Ie dispute auec toy de constance & d'amour.

AGLANTE.

Bien faut-il auoüer que l'amour est constante
Qui vous fait espouser les miseres d'Aglante,
Aglante qui n'a rien que l'on puisse estimer
Hors qu'il a le cœur bon & qu'il sçait bien aimer.

LA SILVANIRE.
SILVANIRE.

Auec ces qualitez, il n'est Sceptre d'Empire,
Où raisonnablement la houlette n'aspire:
Tout charmant qu'est le bien t'imaginerois-tu
Qu'il me puisse toucher au prix de ta vertu?

ACTE CINQVIESME.

SCENE XI.

SILVANIRE. HYLAS. AGLANTE.

SILVANIRE.

Ais voicy de retour nostre aduocat fidelle.
AGLANTE.
O Dieux! ô Dieux! ie tremble.
SILVANIRE.
Eh bien, quelle nouuelle?
HYLAS.
Telle qu'en qualité de vostre seruiteur
I'ay bien voulu moy-mesme en estre le porteur.
Sus donc, que les plaisirs que le Ciel vous enuoye

LA SILVANIRE.

Se faſſent ans vos cœurs vne commune voye,
Vos amours ont le prix qu'elles ont merité.

AGL. & SILV. enſemble.

O Dieux! que nous dis-tu?

HYLAS.

La pure verité.

AGLANTE.

Au moins eſt-il bien vray qu'il faudra que ie meure
Auant que Siluanire à quelque autre demeure.

HYLAS.

Non non, il n'eſt plus temps de ſe deſeſperer,
Rien que la ſeule mort ne vous peut ſeparer:
Ce n'eſt pas que Menandre ayt eu la bouche cloſe,
Ou qu'il n'ayt au contraire apporté toute choſe,
Tantoſt faiſant ſonner & mettant en auant
Le pouuoir paternel qu'il alleguoit ſouuent,
Et tantoſt ſa promeſſe à Theante engagée,
Qui ne peut (diſoit-il) eſtre à deux partagée:
Bref en cette action faiſant tout ſon pouuoir
Pour s'aſſeurer le droict qu'il y croyoit auoir.
Comme auſſi d'autre part ie me ſuis faict entendre
Sur toutes les raiſons qui vous pouuoient defendre.
Si bien que le Druide equitable qu'il eſt
En faueur de tous deux a donné ſon arreſt.

LA SILVANIRE.

Lors murmurant tout haut, & de cholere blesme
Il vouloit s'emporter, si Lerice elle mesme
Et le bon homme Alcas ne l'eussent retenu:
Mesme que là dessus Theante suruenu
A remis au vieillard sa parole donnée,
Laissant d'vn si beau traict l'assistance estonnée:
L'Hymenée, a-t'il dit, estant libre de soy,
Vostre fille peut estre à tout autre qu'à moy:
„ Quiconque espouse vn corps en despit de son ame
„ Espouse, ou peu s'en faut, la moitié d'vne fâme.
Là Menandre confus apres cette action
A changé tout à coup de resolution:
Et bien bien, a-t'il dit, ma foy que ie retire
Sera donc pour Aglante, il aura Siluanire.

SILVANIRE.
O Dieux! c'est à ce coup que nous sommes contens.

AGLANTE.
Mon ame, au nom de Dieu ne perdons point le temps,
De peur qu'auecques luy nostre bien ne s'enuole:
Allons treuuer Menandre.

HYLAS.
    Allez sur ma parole:
De moy par vn chemin du vostre destourné
I'iray voir si Tirinte est desia condamné.
         Verrons-

AGLANTE.

Verrons-nous donc mourir le malheureux Tirinte,
Et parmy nos douceurs boirons-nous cet abſinte?

HYLAS.

Au reſte (choſe dure & qui m'eſtonne fort)
C'eſt que Foſsinde meſme en procure la mort.

SILVANIRE.

„ C'eſt ainſi que l'amour griefuement offencée
„ Se change bien ſouuent en fureur inſensée.

ACTE CINQVIESME.

SCENE XII.

ADAMAS. TIRINTE. FOSSINDE.
CHOEVR DE BERGERS.
ALCIRON.

ADAMAS.

Si ie pouuois, mon fils, t'exempter du treſpas,
Les Dieux me ſont teſmoins que tu ne mour-
rois pas,
Ta faute dont ton âge eſt l'aueugle complice,

Te rend digne de plainte autant que de supplice.
Mais d'autant que Themis a mis entre nos mains
Le glaiue qui punit les crimes des humains,
Tu suiuras ses arrests, victime destinée
Aux autels de la mort par les loix ordonnée:
Non que pour le miroir on te priue du iour,
(Toute ruse permise en l'empire d'Amour)
Le sujet qui sans plus à la Parque te vouë,
C'est la force qu'Amour comme Amour desaduouë.

TIRINTE.

La mort est desormais vne grace pour moy,
Pourueu qu'on me l'accorde, il n'importe pourquoy,
Quand la rigueur des loix espargneroit ma vie,
Il est de mon repos qu'elle me soit rauie.
,, Tousiours vn miserable a vescu trop long temps,
,, Et le iour n'appartient qu'à ceux qui sont contents.

CHOEVR DE PASTEVRS.

Dieux! comme le penser d'vne si noire faute
A-t'il pû se glisser dans vne ame si haute?

FOSSINDE.

En fin voicy l'estat, ô cœur desnaturé,
Où depuis si long temps ie t'auois desiré.

TIRINTE.

Et bien, c'est en ce point que Tirinte est bien aise

De contenter Foßinde.
FOSSINDE.
Helas! à Dieu ne plaise, *Elle se*
Pere ie vous requiers que ce triste Berger *iette à ge-*
Choisy pour mon espoux, soit mis hors de danger, *noux.*
Vous sçaueʒ que la loy le permet de la sorte.
ADAMAS.
I'y consens volontiers, puisque la loy le porte.
TIRINTE.
Et moy ie n'y consens en aucune façon.
CHOEVR.
O responseinsensée! ô malheureux garçon!
FOSSINDE.
Quoy! Tirinte, est-ce ainsi qu'insensible à ta perte
Tu reiettes la planche à ton nauffrage offerte,
Et ne veux rien tenir de mon affection
Crainte de m'en auoir quelque obligation?
TIRINTE.
Qu'vne condition si fascheuse & si dure
Me sauue du trespas qu'il faudra que i'endure,
Plustost plustost cent morts au lieu d'vne choisir,
Que conceuoir de viure vn si lasche desir:
Non non, qu'on me conduise à la plus haute cime

Du Rocher malheureux où m'appelle mon crime,
Malheureux pour quelque autre, & pour moy bien-[heureux
Puisque là doit finir mon destin rigoureux.

FOSSINDE.

Qu'il te suffise au moins d'estre ingrat à qui t'aime,
Sans estre encore ingrat & cruel à toy-mesme.

TIRINTE.

Rien rien, ie veux mourir, c'est vn poinct arresté.

FOSSINDE.

Tu veux mourir, Tirinte, & i'auray donc esté
L'instrument malheureux de ta fin malheureuse?
On pourra donc penser que Fossinde amoureuse
Perdit l'ingrat Tirinte afin de se vanger?
Mais i'ay de quoy te plaire & de quoy me purger:
Perds perds quand tu voudras la celeste lumiere,
Pour t'apprendre à mourir ie mourray la premiere.

ADAMAS.

O Pasteurs, empeschez son tragique dessein,
Elle se veut cacher vn couteau dans le sein.

FOSSINDE.

Laissez-moy, laissez moy me guerir à cette heure,
Quãd vous empescherez qu'aujourd'huy ie ne meure,
M'arrachant le poignard & la mort de la main,
Pourrez-vous empescher que ce ne soit demain?

ALCIRON.

Amy, puis qu'obstiné tu refuses de viure,
Allons donc à la mort, allons, ie t'y veux suiure.

ADAMAS.

Penses-tu point, Berger, qu'au sortir de ces lieux
Tu parestras coupable à la face des Dieux
Du rapt d'vne Bergere, & du meurtre d'vne autre?
Euite, mon enfant, leur iustice & la nostre,
Accepte volontiers, pour ta chaste moitié,
Cet object accomply d'amour & de pitié,
Et si l'ardeur de viure à chacun naturelle
Ne veut agir pour toy qu'elle agisse pour elle.
Responds, que songes-tu?

FOSSINDE.

Ie respondray pour luy:
,, Qui se perd, perd le soin de conseruer autruy.

TIRINTE.

Où n'atteint vne amour de si longue estenduë?
Ton ardeur, ô Fossinde, a ma glace fonduë,
Et ma rigueur vaincuë apres tant de combas
Se rend à ta constance & met les armes bas.
,, Viuons, puisque la mort nous oste la puissance
,, De passer du bien-faict à la reconnoissance:
Et que pour satisfaire à ce que ie te doy,

Il est expedient que ie viue pour toy.
ADAMAS.
,, O Ciel, qui par bonté plustost que par coustume
,, De nos afflictions adoucis l'amertume,
,, Et de nos desplaisirs fais nos contentements,
Accomply ta merueille au bien de ces Amants.
CHOEVR.
O fortuné Lignon! ô terre bien-heureuse
   En ta simplicité,
Où l'Amour seroit mort si la mort amoureuse
   Ne l'eust ressuscité.
Soit celebre à iamais cette belle iournée
   Où l'Amour & la Mort
D'ennemis qu'ils estoient, en faueur d'Hymenée
   Se sont treuuez d'accord.
ADAMAS.
Au lieu de consumer en discours infertiles
,, Le temps qu'il faut donner aux effects plus vtiles,
Vous tous allez treuuer le bon Pasteur Alcas,
Dont le consentement est requis en ce cas;
Et moy i'iray deuant au Temple vous attendre,
Où doit aussi venir la troupe de Menandre.
CHOEVR.
O fortuné Lignon! ô terre bien-heureuse

LA SILVANIRE.

En ta simplicité,
Où l'Amour seroit mort si la mort amoureuse
Ne l'eust ressuscité.
Soit celebre à iamais cette belle iournée
Où l'Amour & la Mort
D'ennemis qu'ils estoient, en faueur d'Hymenée
Se sont treuuez d'accord.

ACTE CINQVIESME.
SCENE XIII.

MENAND. LERICE. SILV. AGLANTE.

MENAND.

*Es enfans (car pour tels ie vous tiens sans*
     contrainte)
Bannissez de vos cœurs le soupçon & la
     crainte,
Et que le souuenir de ce qui s'est passé
Soit de nostre memoire à iamais effacé:
Bien loing d'auoir pour vous vn reste de rancune,
Ou me sentir toucher de repugnance aucune,
Ma main vous fera voir par vn contraire effait

Que mon cœur se repent du mal qu'il vous a fait,
I'entens que mes bien-faits & vostre bon mesnage
Vous feront regarder de tout le voisinage.
,, Tout bien consideré, le pauure vertueux
,, Vaut mieux que l'opulent d'esprit defectueux.
LERICE.
,, Il est vray que tousiours la fortune peut faire
,, D'vn vertueux vn riche, & non pas au contraire:
Tesmoin Damon le simple, & Tirsis l'entendu,
Dont l'vn a plus gaigné que l'autre n'a perdu.
MENANDRE.
Je croy qu'Aglante aussi gardera la memoire
De nostre affection.
AGLANTE.
Vous le deuez bien croire.
SILVANIRE.
Connoissant la vertu du Pasteur que voicy,
Faites estat, mon pere, & vous ma mere aussi,
De receuoir de nous des amitiez parfaites,
Et des soins respõdants aux biẽs que vous nous faites.
AGLANTE.
Ie perdrois & la peine & le temps à credit
Si ie voulois respondre apres ce qu'elle a dit,
Car gouuernant mon ame, & ne viuant qu'en elle,

Sa

Sabouche est de mon cœur l'interprete fidelle.
SILVANIRE.
Voicy venir Hylas tesmoin & messager
Du malheur de Tirinte.
MENANDRE.
Eh! le pauure Berger :
Quoy que nous ait cousté son audace insolente,
Encore est-il à plaindre en sa fin violente.
LERICE.
Il paroist bien ioyeux pour si triste accident.
HYLAS.
Pourquoy sages vieillards allez vous retardant
Le fruict de deux Amours qui n'ont point de pareilles,
Pour qui les Cieux amis font des pures merueilles ?
Que n'estes vous au temple où tout le monde accourt?
MENANDRE.
,, Iamais d'vn bien promis le terme n'est trop court,
Mais la loy ne veut pas qu'vn Hymen s'accomplisse
Aux iours qu'vn miserable est conduit au supplice.
HYLAS.
Grace aux Dieux, ce malheur ne nous retarde pas.
MENANDRE.
Et Tirinte ?

Y

LA SILVANIRE.

HYLAS.
Tirinte est exempt du trespas.
LERICE.
Et comment du trespas?
AGLANTE.
Par la fuite sans doute.
HYLAS.
Non, par vn accident digne que l'on l'escoute,
Mais d'autant qu'on vous cherche & qu'il est impor-
D'aller viste à l'autel où le Druide attend, (tant
Pour espargner à tous la moitié de la peine,
Suiuons ce chemin vert qui conduit à la plaine :
Ainsi nous les verrons d'où qu'ils puissent venir,
Et si i'auray moyen de vous entretenir.

ACTE CINQVIESME.

SCENE XV.
CHOEVR DES BERGERES,
sous les noms de CELIE & de DIANE.
CELIE.

Ardez-vous nos troupeaux, allez à l'auan-
ture . (sture:
Au gré de vostre instinct chercher vostre pa-
Nous vous laissons nos chiés, defendez vous des loups,

Mais de tout auiourd'huy n'attendez rien de nous.
Autre occupation plus gentille & plus belle
Par la voix de l'Amour autre part nous appelle:
Allons voir ces Amants de myrthe couronnez,
Dont le dueil & la ioye ont nos champs estonnez.
DIANE.
Plustost que de tenir vne route incertaine
Nous voicy iustement au pas de la fontaine,
Que pour aller au temple ils doiuent tous passer,
Où nous pourrons les ioindre & des fleurs amasser.
CELIE.
C'est fort bien aduisé, posons donc nos houlettes,
Et faisons des chapeaux tissus de violettes,
Et de tant d'autre esmail dont la viue fraischeur
Ne tombe point icy sous la main du faucheur,
Afin que dans la pompe à laquelle on s'apreste
Chacun à nostre exemple en ayt vn sur la teste.
DIANE.
Telle diuersité se presente à la fois
Que mes yeux sont contraints d'en suspendre le choix.
Mettons y toutesfois vne heure toute entiere
Auparauant que l'art n'esgale la matiere,
Et s'il faut se haster hastons nous par compas.

CELIE.
La nopce desormais ne nous surprendra pas.
DIANE.
Tout à point, car l'Echo de ces roches secrettes
Qui respond doucement au doux bruit des muzettes,
Tesmoigne que la troupe est desia prés d'icy.
CELIE.
Il est vray qu'elle approche, ah! certes la voicy.

CHANT NVPTIAL
des Bergeres.

Sœur, & femme du Dieu qui iette le tonnerre,
    Grande Deesse dont le nom
Respond du haut du Ciel au centre de la terre,
    Viens icy nopciere de Iunon.
Non telle qu'autresfois quand tu fus appellée
    Aux nopces de Pelée.
Mais amene auec toy
    La Concorde & la foy:
Sans oublier sur tout Lucine la fœconde
    Qui repare le monde:
Car sans elle en effait
    Hymen est imparfait.

ACTE CINQVIESME.

SCENE DERNIERE.

TIRINTE. AGLANTE. SILVANIRE. FOSSINDE. ALCIRON.
MENANDRE. LERICE. CHOEVR DE BERGERS.
CHOEVR DE BERGERES.

TIRINTE.

Vous me pardonnez donc heureuse Siluanire.
SILVANIRE.
Ouy, de bon cœur Tirinte, & de plus i'oze dire
Que mon Berger & moy sommes quasi tenus
De t'imputer les biens qui nous sont aduenus.
TIRINTE.
Et toy fidele Aglante, excuse mon audace
Et mon affection.
AGLANTE.
J'aurois mauuaise grace,
De ne pas excuser ou de hayr celuy
Qui m'a causé la gloire où ie suis auiourd'huy.

Y iij

ALCIRON.

Et l'autheur du miroir? Il est bien raisonnable
Que le fruict qu'il a fait le rende pardonnable,
I'aduoüe ingenu'ment que ie l'auois donné.

LERICE.

Rien n'est plus pardonnable où tout est pardonné.

MENANDRE.

Allons, allons au temple acheuer nostre ioye,
Et rendre grace au Ciel du bien qu'il nous enuoye.

SILVAN.

Allons chere Fossinde au sommet du bon-heur
Où l'Amour nous conduit par la main de l'honneur.

FOSSINDE.

O! ma sœur que la part que vous m'auez donnée
En vostre affection, me rendra fortunée.
Les Dieux vous sont amis, & pour l'amour de vous
Ils m'ont fait & me font vn traitement si doux.

CHANT NVPTIAL
des Bergeres.

Sœur, & femme du Dieu qui iette le tonnerre,
    Grande Deesse dont le nom
Respond du haut du ciel au centre de la terre,
    Viens icy nopciere de Iunon.

LA SILVANIRE.

Non telle qu'autresfois quand tu fus appellée
Aux nopces de Pelée.
Mais amene auec toy
La Concorde & la foy :
Sans oublier sur tout Lucine la fœconde
Qui repare le monde :
Car sans elle en effait
Hymen est imparfait.

CHANT D'ALLEGRESSE
des Bergers.

O fortuné Lignon ! ô terre bien-heureuse
En ta simplicité,
Où l'amour seroit mort si la mort amoureuse
Ne l'eust ressuscité.
Soit celebre à iamais cette belle iournée
Où l'Amour & la Mort
D'ennemis qu'ils estoient, en faueur d'Hymenée
Se sont treuuez d'accord.

HYLAS.

O ! miracle en Forests non iamais arriué,
Et non pas seulement digne d'estre graué
Dessus l'escorce d'arbre,

Le metail ou le marbre,
Mais sur le front luisant du plus dur diamant,
Par la main d'vn Amour, ou du moins d'vn Amant.

LE CHOEVR.

Amour qui volontiers a d'estrãges rigueurs,
Sur de bien dures loix a fondé son Empire.
Vn cœur s'y sacrifie à d'extremes lãgueurs,
Long tẽps on y gemit, lõg tẽps on y souspire:
Et pour y posseder vn repos asseuré
Il faut auoir pleuré.

Au milieu des halliers sont ses plus belles fleurs,
Sa douceur est le prix d'vne longue amertume:
Pour moissonner en ris, il veut qu'on seme en pleurs,
Et telle est de ce Dieu la fatale coustume,
Que pour l'auoir propice il faut long temps durer,
Et beaucoup endurer.

Il exige

Il exige des siens vn seruice assidu,
Vn Zele infatigable, vne longue esperance
A recueillir vn fruit qu'on estime perdu :
Et qu'en fin il accorde à la perseucrance,
Ordinaire sentier qui conduit au sommet
Du bien qu'il nous promet.

Lors que le Laboureur dont l'espoir est si grand
Iette dans les seillons la semence qui germe,
L'Automne la reçoit, & l'Esté la luy rend :
Mais la moisson d'Amour veut biē vn plus lōg terme,
Souuent à la meurir à peine suffisans
Seront cinq ou six ans.

O vous qui comme moy souspirez sous le faix
Des ennuis dont vous charge vne ame impitoyable,
(Si quelqu'vn toutesfois aymant comme ie fais,
Souffre comme ie fais vne peine incroyable,)
Il faut que la raison vous console auiourd'huy
Par l'exemple d'autruy.

Z

Ces Amants que le Ciel a comblez de plaisirs,
Apres mille tourments soufferts en patience,
Ont en fin toute chose au gré de leurs desirs:
Ils benissent leurs maux & font experience,
Que le contentement est beaucoup mieux gousté
Quand il a bien cousté.

Ainsi le marinier que l'orage a pressé
Treuue de l'Ocean la campagne plus belle,
Ainsi le triste Hyuer de glaçons herissé,
Adiouste quelque grace à la saison nouuelle:
Et la nuict rend ainsi le Celeste flambeau
Plus aymable & plus beau.

O! si la loy d'Amour ordonne iustement,
Que plus vn pauure Amant a de peine endurée,
Plus son cœur à la fin a de contentement:
Apres tant de trauaux de si longue durée,
Dois-ie pas quelque iour estre le plus heureux
De tous les Amoureux?

FIN.

Cours à grande Fortune à tours le voyage !
Cours à plus souvent !Effort ! le courage !
Portera à plus souvenir !? départ le courage !
Portera à present ; te quittant des leurs vers son projet
Le bonheur te quittant des leurs vers son projet
Le bonheur ti murmur ton étude jeune
premier ti murmur ton étude jeune

Musset
cenac

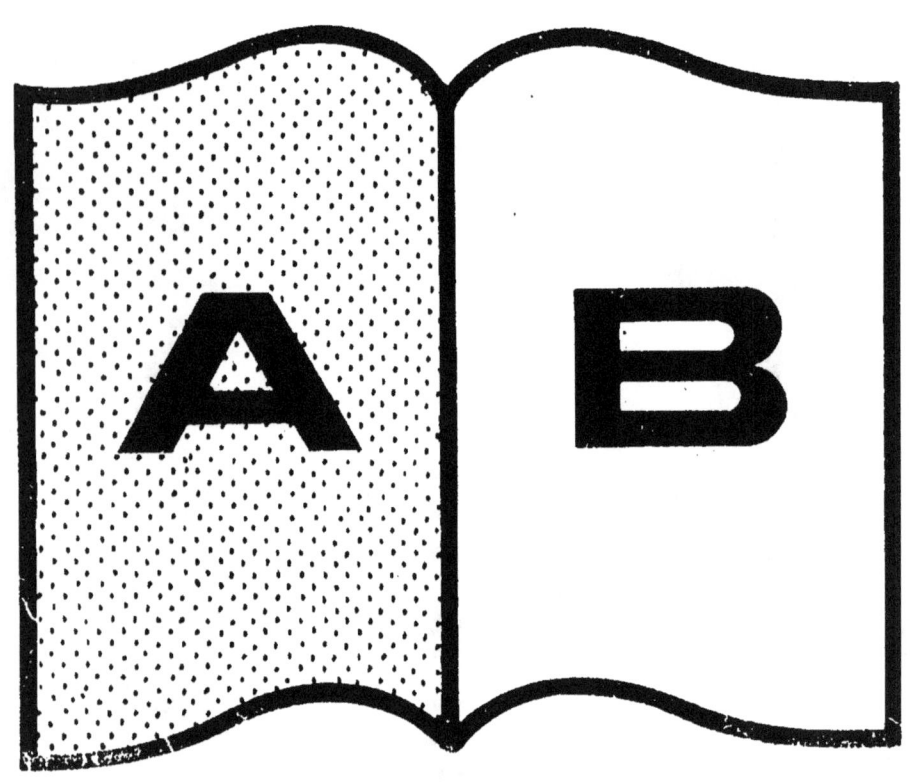

Contraste insuffisant
NF Z 43-120-14

Pagination incorrecte — date incorrecte
NF Z 43-120-12

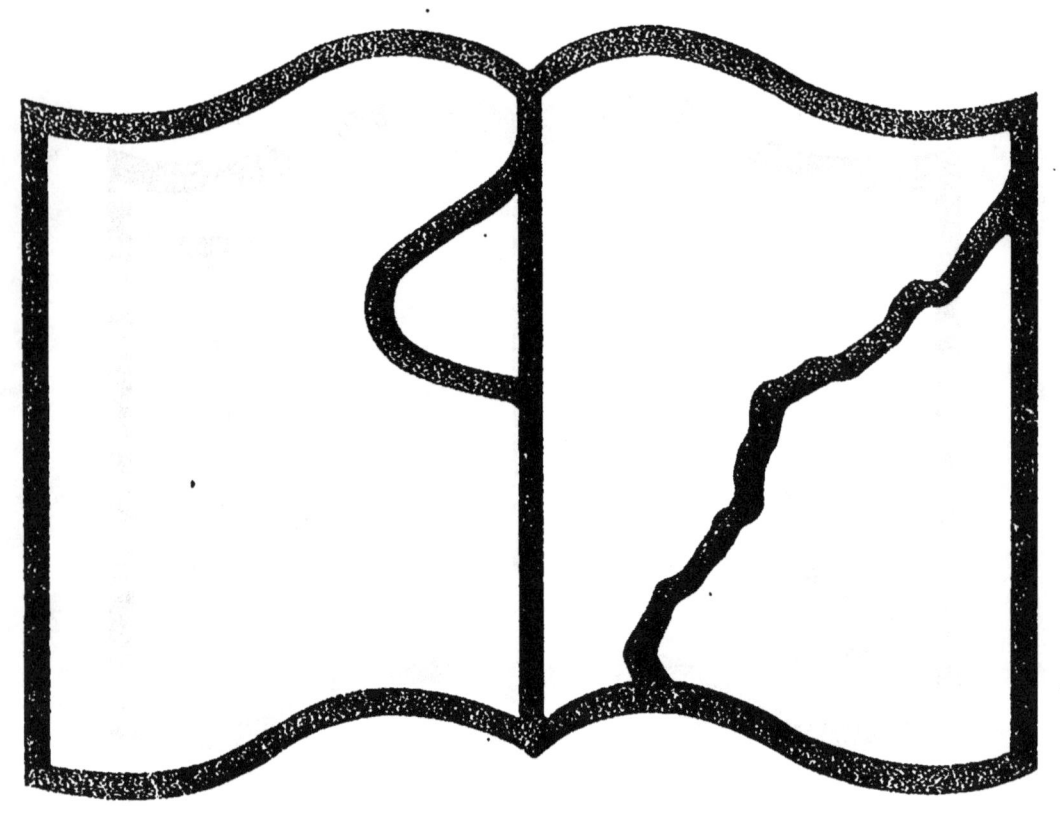

Texte détérioré — reliure défectueuse
NF Z 43-120-11